AF232664

LES CYNÉGÉTIQUES

FRANÇAIS.

LES CYNÉGÉTIQUES FRANÇAIS,

OU

L'ÉCOLE DU CHASSEUR,

POËME EN QUATRE CHANTS,

PAR M. D. D.

Qui fait aimer les champs fait aimer la vertu.
DELILLE.

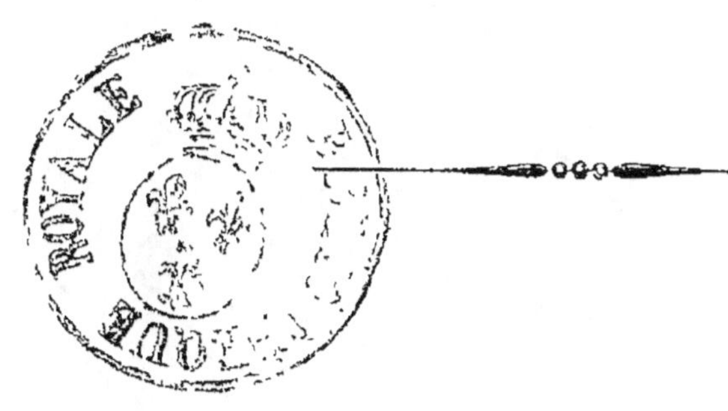

PARIS,

DE L'IMPRIMERIE D'A. ÉGRON,

RUE DES NOYERS, N° 37.

1821.

OBSERVATIONS
PRÉLIMINAIRES.

La chasse est un des exercices auxquels les jeunes gens toutes les classes se livrent avec le plus d'ardeur ; celui dont les plaisirs semblent être les plus attachans pour eux. Ce goût dans l'adolescent est l'expression d'un besoin physique, ainsi que dans les jeunes animaux cette impatience de muscles qui les fait courir et gambader. Le désir de jouir de facultés nouvellement acquises était une conséquence nécessaire de leur possession : la nature, si sage dans tout ce qu'elle a fait, ne pouvait négliger un tel moyen pour obtenir le développement des forces corporelles dont la création avait été l'objet de ses premiers soins.

Comme tant d'autres, j'ai payé mon tribut à cette loi de notre être, dont les anciens avaient fait une de leurs divinités principales. J'étais encore à cet âge dont l'abondance vitale semble s'étendre jusqu'à notre imagination, et ne faisais pour ainsi dire que secouer les chaînes scholastiques ; lorsque sacrifiant à ce charme d'une première indépendance, à cet attrait de la vie des champs qui est si bien senti par la jeunesse, j'imaginai de mettre en vers les règles d'un art qui faisait les délices de ma nouvelle

existence : des termes techniques, dont les sons eussent re-
buté toute Muse moins déterminée que la mienne, n'eu-
rent pas même le pouvoir de lui faire jeter un coup d'œil
sur une multitude d'écueils dont était semée la carrière où
elle venait de s'aventurer. Ce langage âpre et sauvage, qui
semblait tenir quelque chose de ces temps où l'homme,
habitant les forêts, avait sans cesse à défendre ses jours con-
tre les attaques des bêtes féroces, avait pour mon esprit
passionné un attrait que je n'entreprendrai point de
peindre. La vie que je menais au milieu des bois flat-
tait mon âme ardente qui, dans son jeune enthousiasme,
croyait qu'il n'était rien de plus beau que de suivre les tra-
cès de ces héros que la Fable nous représente le front ceint
des lauriers qu'ils avaient cueillis dans les bois, et couverts
du sang des animaux malfaisans qu'ils avaient fait tomber
sous leurs coups.

Des occupations plus sérieuses étaient venues m'arracher
à un travail commencé dans le délire d'une première im-
pulsion, et me l'eussent probablement fait oublier entière-
ment, si quelques-uns de mes camarades de collége, qui
n'aimaient point la chasse, quoique dans une position à se
livrer à cet exercice, très-souvent dans l'effusion de nos con-
versations amicales, ne se fussent plaints d'un ennui parti-
culier, d'un vide, dont l'aveu leur échappait comme forcé-
ment; tandis qu'au contraire ceux qui avaient obéi à cette
influence naturelle, trouvaient que le temps s'écoulait trop
vite pour leurs nombreuses et douces occupations. Ce premier

renseignement fourni par l'amitié, me conduisit à remar-
quer que la plupart des jeunes-gens que je rencontrais dans
le monde, et qui en avaient agi comme les premiers, sans
doute pour se dérober à ce vide d'imagination que je viens
de signaler, affectant de prendre le titre de philosophe, se
vantant de marcher avec le siècle, entraînés par l'esprit d'a-
nalise dans des spéculations qui, loin de remplir le vague
de leurs idées, ne leur offrait qu'abîmes et incertitudes, fi-
nissaient par y concevoir un mépris de la vie, qui flétrissoit
tous les plaisirs, même d'une nature différente, qu'ils cher-
chaient à se procurer. Les autres, au contraire, mettant leur
joie dans cet exercice dont le fruit assuré était pour eux le
sommeil et la santé, continuellement occupés des plaisirs
qu'ils y rencontraient, heureux de raconter leurs exploits
passés, non moins heureux de ceux qu'ils se promettaient
encore, n'affectaient d'autre esprit que celui de savoir s'a-
muser. L'ambition des premiers très-souvent se montrait
sans limite, elle s'étendait jusqu'à des calculs de politique
où l'ordre n'était guère respecté ; celle des autres se bornait à
un beau jour, à la rencontre du gibier qu'ils avaient en vue..·
enfin je ne voyais sur la physionomie des uns que soucis,
espérances exagérées ; celle des autres n'exprimait jamais
que cette satisfaction intérieure, premier gage du bonheur.

Cette remarque, que j'avais eu l'occasion de faire plus
souvent qu'on ne le pense, finit par me rappeler ce que se
sont accordés à dire tous les écrivains qui ont parlé de la
chasse, sous le point de vue moral, que cet exercice est né-

cessaire à la jeunesse; qu'en l'occupant, elle la détourne du vice, s'il ne la conduit à la vertu. Pénétré de cette vérité, j'ai cru me rendre utile, en offrant aux jeunes gens, qu'une fortune acquise dispense de s'en créer une, un recueil des règles de cet art de la chasse, qui est fait pour déverser sur leurs jours des plaisirs que la saine morale est loin de désapprouver; et pour obtenir une première attention de leur part, j'ai cru devoir traiter mon sujet en vers.

Tels sont les motifs qui m'ont fait écrire et non l'ambition d'une gloire littéraire, à laquelle je suis bien loin de songer. Je ne me crois pas poëte pour avoir fait quelques vers en l'honneur de Diane. Si j'ai adopté cette manière d'écrire, ce fut dans l'espérance qu'elle répandrait un intérêt de plus sur une production, qui, sans importer beaucoup, peut avoir son côté utile, surtout dans un temps où l'on voit la jeunesse marchant dans des sentiers inconnus aux beaux siècles de notre histoire, compromettre, dans des entreprises que je n'ose qualifier, son repos, son avenir et l'espérance de la patrie.

J'ai écrit sans art, comme j'ai dit avec franchise tout ce que je pensais, parce que ma conscience m'assurait que mes pensées ne pouvaient être blâmées par quiconque est l'ami du bien, et qu'elles étaient de nature à être mises sous les yeux des jeunes gens, qui sont principalement les personnes auxquelles j'ai voulu m'adresser. Craindraient-ils de s'égarer sur les traces d'un écrivain, dont la plume se fait connaître pour la première fois, et qui n'offre de garantie que cette droiture d'intentions que l'on peut attendre d'un homme qui a passé une partie de sa vie loin du monde et au milieu des forêts? Qu'ils sachent que je n'ai fait moi-même que suivre les pas de ces sages de l'antiquité, dont les écrits furent les premiers guides de leurs études ; que je ne suis, pour ainsi dire, que le traducteur de Xenophon, cet homme qui réunit en lui tous les titres capables de mériter la confiance ! Craindraient-ils encore de sacrifier à cet exercice un temps qu'ils croiraient pouvoir occuper plus utilement ailleurs? Je leur répondrai que les instans que je les engage à donner à la chasse, ne sont autres que ceux des vacances pour les jeunes gens qui n'ont pas fini leurs études, et les jours inoccupés pour ceux qui habitant la campagne, auraient à s'y livrer aux soins de l'agriculture. Dussent-ils y sacrifier quelques heures de plus qu'ils ne se seraient proposé d'abord, ils se consoleront d'avoir cédé à un entraînement auquel j'avoue n'avoir pas toujours résisté, en songeant que, chez les Latins, un Arrien de Nicomédie, ce rédacteur des expéditions d'Alexandre, qui fut honoré du consulat, se délassait des soins de la magistrature, de ses travaux littéraires, en se livrant à l'exercice que je préconise, en en traçant comme moi les règles; que parmi nous le célèbre de Thou, dont les talens ont honoré au seizième siècle la haute magistrature et la muse de l'histoire, se livrait également aux plaisirs de la chasse, à celui de les peindre en vers latins ; que chez les Lacédémoniens, un règlement public voulait que les magistrats prissent de temps en temps

ce même exercice ; qu'alors on pensait non sans raison,
que dans un corps où à défaut de mouvement, les fonctions
animales ne se faisaient qu'avec peine, l'esprit se trouvait
nécessairement dépouillé d'une partie de son énergie, et
que l'usage modéré de la chasse ne pouvait que rendre plus
facile celui des facultés mentales.

Si des hommes dont les vertus et le caractère public ont fait
passer les noms jusqu'à nous; si des guerriers, des magistrats,
des philosophes ont vanté à leur siècle un art dont la pratique
a dû précéder chez eux la théorie, ne peut-on pas dire que cet
art porte en lui le principe d'un bien incontestable; que des
particuliers ne peuvent faire mieux que de l'adopter pour
leur délassement ordinaire ; que les pères et mères doivent
y voir pour leurs fils une récréation qui , sans nuire à leur
goût pour les sciences abstraites , a des rapports bien pro-
noncés avec certains autres arts, comme l'équitation , la
mécanique , et tend à développer leurs dispositions pour
les unes comme pour les autres ?

Ce n'était pas sans quelque raison que Jean-Jacques
Rousseau voulait que l'élève qu'il présentait pour modèle
aux pères de famille , connût l'état du menuisier : son sys-
tème justifie le mien ; et s'il n'a pas donné la même préfé-
rence que moi à la chasse , on pourrait supposer que la
constitution physique de l'auteur ne lui avait guère permis
d'en connaître les avantages. Peut-être aussi , voulant se
réserver le mérite de l'invention , a-t-il craint de se recon-
naître des devanciers, surtout des hommes qui tous ont pré-

senté le respect religieux, des mœurs pures, comme la première des conditions pour obtenir le titre de chasseur. Hippolyte ne pouvait guère être l'homme de l'écrivain, qu'un orgueil cynique, plus qu'un repentir chrétien, amena au tribunal de la confession publique... Le parallèle du philosophe et de l'élève de Diane aurait été trop à l'avantage du dernier.

Mon intention, comme il sera facile de s'en convaincre, n'a pas été de faire des destructeurs de gibier, il y en a assez partout; mais de former des élèves animés de ces sentimens qui distinguent le véritable amateur de la chasse, indépendamment de l'habileté pratique. Aussi, me suis-je efforcé d'intéresser mes lecteurs, pour la partie de l'exercice qui présente un but d'utilité publique, en flattant leur imagination par ce que l'honneur peut avoir d'impérieux sur de jeunes esprits, et présentant cette utilité générale comme la base de tout le plaisir qu'un amateur doive se promettre. J'ai donc parlé de la chasse du loup, de celle du sanglier, avant de parler de la chasse du cerf, qui, tout aussi noble, ne présente pas cette teinte de dévouement que l'on ne peut s'empêcher de reconnaître dans le chasseur qui affronte les peines, les fatigues et l'incertitude de succès attachées à ce premier genre de chasse. Conséquemment je n'ai parlé qu'en dernier lieu de la chasse du lièvre, de la chasse au chien couchant, de celle aux filets pour oiseaux, où tout est sacrifié à l'amusement.

Quant à mon style et au plan que j'ai cru devoir suivre,

je le répète, bien moins poëte que chasseur, j'ai laissé à mes idées toute la liberté qui distingue la manière de vivre du dernier. Sous ce rapport, je m'attends à nombre de critiques de la part de ceux de mes lecteurs, qui ne partageraient pas, ou n'auraient point partagé avec moi ce goût assez fort pour vaincre mon éloignement pour tout ce qui tient à la publicité. Je ne pouvais m'abuser sur ce point, dans un temps où la simplicité d'expression est entièrement sacrifiée à la recherche des figures, à la bizarrerie des images, à l'enflure de la diction; puisque cette même simplicité est le seul mérite que je me permette de reconnaître à cet écrit. Toutefois, son sort, en le considérant sous les points de vue littéraires, m'inquiète assez peu : je ne me réserve que la défense de mes sentiments et de mes intentions. *Mea mihi conscientia pluris est quàm hominum sermo.* (Cic.)

LES CYNÉGÉTIQUES FRANÇAIS.

~~~~~~

PREMIER CHANT.

———

Je ne me donne point pour un fils d'Apollon,
Tout prêt à s'élancer dans le sacré vallon :
Plus que de doctes chants le son du cor m'amuse ;
Mais Diane chez moi sollicite la muse,
Et changeant en poète un habitant des bois,
Me dit que de son art il faut chanter les lois.
J'ai connu ses plaisirs, et, par reconnaissance,
Par habitude encor, je suis son influence.
    Que m'importe, après tout, qu'un savant, dans mes vers,
Ne trouve à contenter ses caprices divers,
Pourvu que, des forêts pénétrant l'étendue,
Ma voix soit des chasseurs aisément entendue.
Ainsi que d'un ami l'on ouït les accents,
Avec même plaisir s'ils écoutent mes chants,
Je ne veux d'autre prix à ma lyrique peine :
L'espoir de l'obtenir entretiendra ma veine.
~~~~~~

Jusqu'à ce jour, lecteur, nos plus brillans esprits
Ont paru voir nos jeux avec l'œil du mépris [1] :
Les uns ont célébré les moissons, les vendanges,
Les autres des héros ont chanté les louanges ;
L'un nous peint à grands frais le bœuf dans son sillon
S'avançant lentement, pressé par l'aiguillon ;
Non moins prolixe encore, embouchant la trompette,
De tout soldat en pied l'autre fait un athlète :
Le code d'Apollon par Boileau fut écrit ;
Berchoux nous a donné celui de l'appétit ;
Enfin, grâce aux travaux de leurs savantes plumes,
Presque sur tous sujets nous avons des volumes ;
Et votre art, qui de tous, de tous fut le premier,
A peine en obtint-il l'honneur d'un vers entier.
Mais telle est des humains l'ordinaire injustice :
Chaque jour on les voit, guidés par le caprice,
Fuir les biens les plus sûrs pour des biens sans vertus.
Malheureux ! A Diane ils préfèrent Plutus ;
Plutus est devenu le dieu par excellence :
Lui seul est invoqué, c'est lui seul qu'on encense.
Chez nous ce grand archer, de Python le vainqueur,
Faute de quelques francs n'y serait électeur [2].

Ce n'était pas ainsi qu'en agissaient nos pères.
L'histoire nous apprend combien leur étaient chères

Ces faveurs que des bois la fière déité
N'accorde qu'au chasseur d'un beau feu transporté.
Des monstres des forêts tels qui purgeaient la terre,
Pour prix en recevaient un sacré caractère..
Sur leurs concitoyens on leur cédait le pas ;
Ils donnaient le signal dans les publics repas [5] ;
Leurs noms en lettres d'or s'inscrivaient dans les temples ;
Les mères à leurs fils les citaient pour exemples....
Dans Alcide atteignant à l'immortel honneur,
On voit que le guerrier bien moins que le chasseur
De son siècle excita la voix reconnaissante ;
Et la mort du lion, des monstres d'Érymanthe,
De Stymphale expirant sous ses traits vigoureux,
Fut ce qui lui donna son rang parmi les dieux.
On dirait de leur temps qu'on n'écrivait l'histoire
Que pour de leurs chasseurs conserver la mémoire [4].
Enfin, lorsque d'amour brûlant pour un mortel,
Ils nous peignent Vénus se dérobant au ciel,
Sous leurs justes pinceaux ils ne la font descendre
Au palais d'un Crésus ni chez un Alexandre.
La reine de Paphos, celle qui d'un souris
Fait tomber à ses pieds tout l'Olympe surpris,
Ne cherche en son amant l'éclat du diadême ;
C'est un simple chasseur, c'est Adonis qu'elle aime,

Et ce chasseur heureux est encor chez les morts
L'objet de tous ses soins, de ses tendres efforts [5].
D'un tel attachement vous expliquer la cause
N'est pas du tout le but qu'ici je me propose;
A de plus grands docteurs j'abandonne ce point,
Qui demande un talent que je sais n'avoir point.
C'en est assez pour moi que la beauté propice,
Au défaut de Minerve, à nos jeux applaudisse :
De son propre mérite a-t-on jamais douté,
Dès l'instant où pour nous nous avons la beauté?
Prêtez donc à ma voix une oreille attentive,
O vous pour qui Diane a voulu que j'écrive!
Chasseurs, qui de votre art sentant la dignité,
Partagez cette ardeur dont je suis agité;
Ecoutez mes leçons : vos plaisirs, votre gloire,
Sont leur but, leur motif; pourriez-vous n'y pas croire!
Tout art veut un talent, qui lui-même a besoin
De rencontrer en nous goût, aptitude et soin.
Il n'en est de si simple à qui, dans la pratique,
Ce que j'avance ici justement ne s'applique.
Pour briller au métier que je chante aujourd'hui,
Pour prouver qu'on l'entend, que l'on est fait pour lui,
Ce n'est le tout d'avoir un pompeux équipage,
Vous, vos valets, vos chiens, de faire grand tapage :

Gardant à ce vain bruit un silence profond,
Diane entend vos cris, Echo seul y répond....
    Sachez donc par quels soins on peut de la déesse
S'attirer les regards, captiver la tendresse ;
Mais sachez, avant tout, si votre astre naissant
Se sentit en effet des feux de son croissant.
Je dois vous l'avouer, près d'elle la science,
Même le bel esprit, de qui pourtant en France
Nous faisons si grand cas, y sont moins en honneur
Que jeunesse ou santé, que souplesse et vigueur [6].
Femme, vous le savez, ou mortelle ou déesse,
Toujours prit intérêt aux biens de cette espèce ;
Et peut-être qu'au fond notre heureux Adonis
Dut à ces mêmes biens tout l'amour de Cypris.
Privé de leur appui, votre goût pour la chasse
Ne serait vraiment plus qu'une imprudente audace
Digne de cet auteur que nous a peint Boileau,
En son génie étroit suant le sang et l'eau.
    Mais aussi seriez-vous rempli de ce courage
Qui nous fait affronter l'aquilon et l'orage ?
Auriez-vous ce jarret élastique et nerveux
Qui n'attend le secours d'un coursier vigoureux ?
Vous verrais-je au besoin d'un pain noir et solide
Alimenter deux jours votre marche intrépide ?

Venez, je veux par moi qu'instruit de leurs secrets,
Vous soyez la terreur des hôtes des forêts.
Cependant ne croyez d'abord vous rendre maître
De tous ces animaux que la main du grand Être
Nourrit au fond des bois non pas précisément,
Comme beaucoup l'ont dit, pour notre amusement.
Voulant que de sa race il pût sauver la source,
Nature à chacun d'eux donna quelque ressource :
Aux uns c'est la vitesse, aux autres l'odorat,
Et presque nul pour nous, en eux si délicat,
Sur nous ce dernier sens est leur grand avantage [7].
Une perçante vue est des uns l'apanage,
Les autres ont la force, et parfois corps à corps
Avec l'homme on les vit rivaliser d'efforts.
Mais seule la nature est leur appui, leur guide ;
Vous, vous y joignez l'art, et l'art pour vous décide.
Des agens qu'il vous offre il ne faut seulement
Que mouvoir les ressorts avec discernement ;
Suivant le lieu, le temps, et du gibier l'espèce,
Employer ou la ruse, ou la force, ou l'adresse,
Savoir aussi quels jours sont faits pour le repos [8] :
Le secret de notre art gît tout dans l'à-propos.
Aussi prompt à saisir l'occasion offerte,
N'ayez par votre faute à regretter sa perte ;

Que vos chiens, vos chevaux, vos armes et vos rêts,
Nombreux et bien tenus, à vous servir soient prêts.
  Qu'en excès néanmoins trop d'ardeur ne vous lance :
Sur votre revenu réglez votre dépense.
Le chasseur qui n'a pas la raison pour fanal,
Sans s'en apercevoir va droit à l'Hôpital.
Redoutez cette fin qui n'a rien d'honorable :
Elle est celle d'un sot. Parfois trop délectable,
Notre art porte si loin son enchaînant attrait,
Qu'ayant tout fait pour lui l'on croit n'avoir rien fait.
Ne lui laissez sur vous prendre un trop grand empire :
Le goût en est louable et non pas le délire....
Prodigue de vos soins, bien plus que de votre or,
Actif, infatigable, étudiez encor
Les arts dont le concours peut être utile au vôtre ;
Ce qu'il n'offrirait point obtenez-le d'un autre.
Vulcain est pour Diane un puissant protecteur.
Invoquez de ce dieu le génie inventeur ;
Sur les métaux rougis connaissez la puissance
Du marteau qui s'élève et retombe en cadence ;
Sous la lime qui crie en son mordant effort
N'ignorez pas comment se polit le ressort
Qui, d'un cran arrêté, subitement échappe
Sous le pied étourdi d'un animal qu'il happe,

Et que d'un bras de fer il retient enlacé,
Tandis qu'en votre lit, tranquille et délassé,
A des piéges nouveaux rêvant peut-être encore,
Pour voir votre captif vous attendez l'aurore.

Quand pour donner aux nuits, empruntant sur les jours,
L'hiver de vos travaux viendra borner le cours,
Le soir, au coin du feu, maniez la navette ;
Que le fil en réseaux dessous vos doigts s'apprête ;
Que le crin tortillé s'y forme en nœuds coulans ;
Qu'enfin tout soit pour vous ressorts, moyens, agens [9].
Votre art embrasse tout, et vos jeux n'ont de terme
Qu'où, pour l'ordre public, la carrière s'en ferme.

Soumis à son empire, un chasseur comme vous
Doit du respect aux lois donner l'exemple à tous [10].
Protecteur des moissons, des fruits, de la vendange,
Son bras, ami des champs, les défend ou les venge
De ces dévastateurs mus contre eux par la faim ;
Mais son zèle attentif, obéissant au frein,
Agit suivant les temps. Voit-il que la nature
Au retour du printemps se couvre de verdure,
Que déjà les épis, du fond de leurs tuyaux,
Montrent aux laboureurs le prix de leurs travaux,
Lors il suspend les siens. Il sait combien est chère
Pour celui dont la main a sillonné la terre

Cette récolte, espoir de ses enfans nombreux ;
Il le sait, et d'un pied lâchement dédaigneux,
Il ne foulera pas le grain qu'à sa famille
A promis ce colon, le cep qui de sa fille
Doit abreuver la noce, et doter la candeur :
Il n'ira pas non plus, acharné destructeur,
Changeant en jours de mort la saison des caresses,
Du gibier dans leur source attaquer les espèces.
Quelque facilité qu'à ses coups pût offrir
Sur tous les animaux cet attrait du plaisir,
Le vrai, le vrai chasseur craindra d'ôter la vie,
Quand tout pour la donner se met en harmonie.
Il fait plus ; interdit aux aigles, aux autours,
Son domaine est le lieu, l'asile des amours,
Pour ces couples ailés, ornement du bocage,
Pour ces couples craintifs, dont l'innocent ménage
Piétinant ou blotti dans les sillons poudreux,
S'élève tout à coup d'un vol tumultueux.

Implacable ennemi des races meurtrières [11],
Ses coups les atteindront même au fond des tannières ;
Mais l'animal paisible aura chez lui la paix ;
Le sang de ce dernier n'y coulera jamais,
Si ce n'est par son ordre, et quand un soin louable
En aura disposé pour l'honneur de sa table,

Ou que chez lui viendraient des voisins, des amis,
Y goûter des plaisirs qu'il leur aurait permis :
Il fait par ces égards estimer sa conduite.

Dans un vers qu'on pourrait censurer par la suite,
J'ai dit que pour nos jeux il n'est besoin d'esprit.
Sachez donc que ma Muse ainsi ne l'entendit
Que de cet esprit vain qui se fond en paroles,
Ephémère aliment de tant d'écrits frivoles,
Et non de cet esprit que l'on dit du métier,
A l'absence duquel rien ne peut obvier [12].
Il est à cet esprit difficile d'atteindre :
Un jour ne nous l'acquiert, et l'on ne peut le feindre :
Le chasseur ignorant a beau se déguiser,
Composer son maintien et sa langue aiguiser,
Bientôt de toutes parts sa ruse est manifeste :
Elle éclate d'un mot, elle éclate d'un geste,
Elle se montre encore à son accoutrement,
A l'état de son arme, à son choix du moment.
Seul il en est pourvu celui qui fait en sorte
Qu'aux besoins de son art en lui tout se rapporte.

Loin donc, loin ce chasseur qu'un attirail musqué
De cent pas à l'entour me décèle embusqué ;
Ce Céladon guêtré, qui, des pieds à la tête,
D'un autre Mirliflor m'étale la toilette,

Et qui portant au bois sa brosse et son miroir,
Me parle du vautrait en termes de boudoir [15].

Loin cet insouciant dont la main paresseuse
Souffre sur son harnois une rouille honteuse,
Et du rat de son arme un instant interdit,
Bientôt, en mots affreux, exhale son dépit.

Mais loin, plus loin encor le sot de qui la langue
Sans nul respect du lieu, sans cesse me harangue,
Et de tout bavardant, hors de sens et raison,
Me fait d'un rendez-vous à lui seul un salon.
Les discours étourdis, l'air vain du personnage,
Sa voix en tons criards se faisant un passage,
Sont des fléaux pour moi vingt fois plus fatigans
Que dans un requêté les plus forts ouragans.
Déjà pour mes péchés il me semble l'entendre,
Au rang des Actéons il croit pouvoir prétendre.
Hier, vous dira-t-il, venant par un chemin,
O coup superbe ! un lièvre a péri de sa main.
Depuis ce bel exploit, qu'à toute heure il rappelle,
Des chasseurs il se dit, il se croit le modèle.
J'en fuis par un sentier l'insipide récit ;
Vain effort ! au détour, mon fat me ressaisit,
De son lièvre tué recommence l'histoire,
Et m'accablant tout vif de sa maudite gloire,

Me fait donner au diable un temps dont le matin
La trompeuse clarté m'a valu ce chagrin.
Venez me dérober l'aspect de ce profane,
Déterminés chasseurs, vrais enfans de Diane,
Dont ni rouille, ni musc, ne souillent le harnois....
Mais c'en est un de vous que déjà j'aperçois :
Sa démarche, son air, sa voix et son costume,
Tout en lui de nos jeux annonce la coutume ;
Ses traits, qu'ont rembruni les rayons du soleil,
Ont de la fleur des champs le coloris vermeil ;
Son œil est doux, mais fier ; la coupe de son buste,
Noblement élancée, indique un corps robuste,
Que balance un jarret dont les muscles tendus
Rassurent à la fois et Diane et Vénus....
En tons réglés par l'art sa voix, qu'il sait étendre,
Des chasseurs et des chiens au loin se fait entendre.
Qu'est-il besoin ici de fournir le détail
De son accoutrement et de son attirail ?
La simplicité seule en fait tout le mérite :
L'éclat est un défaut que toujours il évite ;
L'or donc n'y brille point ; mais la solidité
S'y trouve réunie à la légèreté.
Visitez au logis son arsenal de chasse,
Partout vous y voyez chaque chose à sa place [14] :

Là, vous trouvez la trompe au cerceau jaunissant ;
Là, ce sont les fusils, les carniers, l'instrument
Qui des chiens en retard corrige la paresse.

Au rebours de ce sot qui croit que ma déesse
Se plaît aux longs récits, aux discours transcendans,
Lui, qui sait dans nos jeux quel est le prix du temps,
Jamais en vains discours n'abusera de l'heure....
La phrase la plus courte est pour lui la meilleure....
Au reste, parle-t-il de son Dieu, de son Roi,
L'amour et le respect font sa première loi [15].
Du sort de son pays faudra-t-il qu'il raisonne ?
Il demande avant tout si son bras, sa personne,
Sa fortune, seraient utiles à l'Etat ;
De sa cause au besoin il serait l'avocat.
Mais discret orateur devant la tyrannie,
D'une voix tout à coup lâchement enhardie,
On ne le verra point s'ériger en censeur
D'un pouvoir que partout fait chérir sa douceur....
De l'enfant au bandeau reçut-il quelque atteinte,
Lors même que de ses feux l'ardeur serait éteinte,
De l'objet qu'il aima, gardant le souvenir,
Il l'honore en tous lieux, bien loin de le flétrir.
Son cœur ne reçoit point de l'amoureuse flamme
Une éternelle loi ; mais lorsque dans son âme

Une fois l'amitié parvient à s'établir,
Il n'est plus que la mort qui puisse l'en bannir.
    Tel est du vrai chasseur le portrait que naguère
Mes devanciers dans l'art se sont plus à nous faire :
Sur les traits principaux ils s'accordèrent tous ;
Qu'il soit votre modèle, il est digne de vous :
Puissiez-vous en amour, puissiez-vous à la chasse,
Auprès de votre prince, en tout suivre sa trace,
Citoyen ou sujet, amant, ami, chasseur,
Vous marcherez toujours dans les sentiers d'honneur.

NOTES
DU PREMIER CHANT.

---

¹ Messieurs Delille et Saint-Lambert n'ont pas craint de jeter quelques fleurs sur le sujet qui nous occupe, et ces morceaux de leurs admirables ouvrages ne sont ni les moins lus, ni les moins cités... C'est donc un regret et non pas une critique que l'on adresse à la muse des poëtes français, qui, s'ils eussent embrassé le sujet dans toute son étendue, auraient accru nos plaisirs et les richesses de notre littérature. Quel est le chasseur qui, après des essais aussi brillans, pourrait ne pas regretter une plus vaste application du talent de ces grands hommes ?

² La Charte et notre loi d'élections, ont consacré le principe de l'aristocratie territoriale. L'aristocratie industrielle en était une conséquence, mais celle de l'honneur n'existe pas. Un Français ne peut-il pas éprouver quelque peine de voir la porte des collèges électoraux, fermée à ces vieux chevaliers de Saint-Louis, à ces chevaliers de la Légion d'Honneur, qui ayant passé leur jeunesse à combattre pour leur pays, n'ont pu s'occuper du soin de leur fortune : espérons qu'un jour nous verrons combler cette lacune de nos lois organiques, et le sentiment d'honneur reprendre parmi nous son ancien titre de richesse territoriale, comme les droits qui dans le régime constitutionnel en seraient l'accessoire.

3 Cet usage adopté par l'antiquité, usage que l'on retrouve chez tous les peuples chasseurs, existe encore en France parmi les amateurs de ce noble exercice, qui se piquent de quelque respect pour les anciens. Dans les parties de chasse qui ont lieu à la St. Hubert, il est d'usage que le roi de la chasse, c'est-à-dire celui dont les coups ont été les plus heureux, porte le premier toast.

4 Selon les anciens thérenticographes, Chiron fut le premier des mortels que Diane et Apollon instruisirent dans l'art de vaincre les bêtes féroces. Il eut pour élèves, Hercule, Achille, Esculape, Nestor, Enée, et une foule d'autres hommes fameux dont ils nous ont conservé les noms avec une attention remarquable, et dont la source est dans la nature même. Avant l'invention des armes à feu et le défrichement des forêts, le nombre des bêtes féroces devait être prodigieux, et les dégâts qu'elles devaient occasioner, soit dans les troupeaux, soit dans les récoltes, étaient proportionnés. Ne soyons donc plus étonnés du soin que les poëtes, historiens et législateurs, apportèrent dans les temps, à encourager le goût de la chasse... Il était alors une vertu, comme de nos jours la valeur militaire.

5 Adonis, jeune homme né dans l'île Chypre, fut extrêmement aimé de Vénus. Ayant été tué par un sanglier, il fut la cause d'une grande querelle entre Vénus et Proserpine. Jupiter prononça sur le litige des deux déesses.

6 Xénophon qui en l'an 400 avant l'ère chrétienne, a fait un traité sur la chasse dont M. Gail nous a donné la traduction, dit « qu'un bon chasseur doit être âgé d'environ vingt ans, avoir une taille svelte, un corps robuste, un

courage à l'épreuve ; sans m'en tenir rigoureusement à la fixation de l'âge, j'ai pensé que les autres conditions qu'il indique n'étaient pas susceptibles de discussion.

7 Le loup dont la chasse est si fatigante et si peu assurée lorsqu'il a atteint sa deuxième année, n'échapperait presque jamais au coup de fusil qui est l'arme dont je conseille aux chasseurs de se servir pour se débarrasser de cet animal destructeur, si la finesse de son odorat ne lui faisait éventer les tireurs à une distance presque incroyable lorsque le vent lui en apporte les émanations. Aussi n'est-ce guère que lorsque l'on se trouve au-dessous du vent par rapport à l'animal, que l'on parvient à le tirer. C'est un avantage qu'il faut toujours tâcher d'acquérir ou de se conserver ; car il ne faudrait pas se flatter de forcer un vieux loup dont la vigueur est au-dessus de tout.

8 Il est des vents dont la nature, ou desséchante, ou trop humide, ou viciée par des exhalaisons que nos organes ne nous permettent pas d'apercevoir, ôte aux chiens tout sentiment du gibier. Il est facile de reconnaître qu'une chaleur excessive, une pluie, une neige trop abondantes, un brouillard trop épais doivent produire le même résultat : Un chasseur doit donc s'abstenir de se mettre en course par des temps pareils. M. Boisrot-Delacour, dans un Traité complet sur la chasse du lièvre, imprimé en 1808, a fort bien développé la théorie des vents dans ce qu'ils ont de contraire ou de favorable pour la chasse. Je conseille d'avoir recours à son ouvrage pour s'éclairer complétement sur la matière.

9 Mon intention n'a pas été d'indiquer ici tous les travaux manuels auxquels un chasseur peut employer le temps

dont le soin de ses affaires domestiques lui permettrait de disposer. Je n'ai voulu qu'ouvrir à l'imagination des amateurs une carrière où tout est en faveur du plaisir. La possession du gibier pris par un piége dont on a été le fabricant ou l'inventeur, aura toujours un charme de plus.

10 Les législateurs de tous les temps, en autorisant les plaisirs de la chasse, se sont occupés d'en reprimer l'abus. Il existe à cet égard un grand nombre de lois et règlemens, dont l'exécution intéresse la société entière. J'engage les amateurs de cet exercice à bien se pénétrer de l'esprit qui les a dictés.

11 C'est principalement contre les espèces du loup, du sanglier et du renard, qu'un amateur de la chasse doit employer les ressources de sa fortune, et mettre à profit les facultés qu'il a reçues de la nature.

Depuis quelques années, les loups s'étaient multipliés d'une manière effrayante dans le département de l'Allier qui est très-boisé. La plupart des chasseurs de ce pays, mus par un esprit auquel nous nous empressons de rendre justice, se sont attachés exclusivement à cette chasse, et en ont tué un grand nombre. Je ne sais trop, si, sans eux, les cultivateurs n'auraient pas été obligés de renoncer à faire pacager leurs bestiaux pendant la nuit.

12 Outre les dons naturels qui constituent l'homme fait pour résister aux exercices violens de la chasse, il est une foule de qualités indispensables pour y obtenir quelques succès. Ces qualités sont l'ardeur, l'activité, l'intelligence et la patience. Avec elles, un chasseur supportera avec plaisir tous les désagrémens du métier ; et sans elles, il n'y trouvera plus que dégoûts.

13 Il est peu de chasseurs qui ne se soient rencontrés avec un personnage de cette espèce. Mais encore n'est-il pas le plus insoutenable des prétendus amateurs de l'art; on en est quitte pour rire à ses dépens; il n'en est pas ainsi des autres. La malpropreté de l'un, sa conversation grossière, ses juremens vous révoltent : la compagnie du bavard finirait par vous dégoûter de la chasse même.

L'auteur déjà cité du traité sur la chasse du lièvre s'est prononcé ouvertement contre les chasseurs *braillards* et *bavards*, et il a parfaitement raison. M. Delaconterie, dans sa manière de voir plus énergique, s'est exprimé ainsi : « Loin de nous d'abord cette espèce de faux chasseurs, « qui ne viennent au rendez-vous que pour manger comme « cinquante et parler comme cent : Ecoutez ces charlatans « de vénerie : le piqueur les plus ardent n'est pas digne de « leur être comparé; ils ne courent pas, ils volent. » Peut-être y a-t-il sévérité, je dirais injustice, à blâmer l'appétit dans un chasseur. Mais, quant au reste, je partage bien l'opinion de ce moderne térenticographe, et son antipathie contre cette autre espèce de chasseurs, qui, dit-il, sont de petits fanfarons bien galonnés, qui arrivent au rendez-vous en cabriolant, etc.

14 L'amour de l'ordre est encore une des qualités les plus importantes que doit avoir un chasseur. Sans cet amour de l'ordre, il ne pourra jamais profiter du temps, qui est ce qu'il y a de plus précieux pour lui.

15 Le sage auteur des Cynégétiques grecs que j'aurai occasion de citer plus d'une fois, dit à la fin de son livre : « Si donc les jeunes gens se rappellent mes conseils, et « qu'ils s'y conforment, ils seront religieux et respectueux

« envers les dieux ; persuadés qu'ils les ont pour témoins,
« ils feront la joie des auteurs de leurs jours, ils seront le
« soutien de leur patrie, de leurs amis, de leurs conci-
« toyens, etc.

Arrien de Nicomédie a fait aussi un traité de la chasse,
où, après avoir expliqué quelles sont les qualités néccs-
saires pour trouver honneur et plaisir dans cet exercice,
il tâche de pénétrer son élève d'un juste respect pour les
dieux, et lui conseille de chercher à se les rendre propices
par des offrandes et des prières : il lui cite, pour l'y déter-
miner, l'exemple des héros d'Homère, qui rapportent tout
aux dieux.

DEUXIÈME CHANT.

Je le dirais cent fois, mon art est fait pour plaire.
A tous autres, bien plus, je veux qu'on le préfère,
Et de ce droit en lui, s'il fallait s'assurer,
Toujours il suffira de vouloir comparer.
De sophistes, jadis, l'éloquence funeste
Des révolutions nous emmena la peste;
Et que ce résultat fût ou non calculé,
Combien de sang, de pleurs, n'en a-t-il pas coulé?...
Que dis-je! De mon Roi, des princes le plus juste [1],
De son peuple l'ami, j'ai vu la tête auguste
Tomber sous le couteau de ces déclamateurs [2]
Qui, de toute morale infâmes destructeurs,
Sous le poids des regrets, de sa gloire flétrie,
Ont pendant si long-temps accablé ma patrie....
Eh bien! quand tout cédait, ployait sous leur fureur,
Mille enfans de Diane, esclaves de l'honneur,
Dans les champs Vendéens mouraient pour la défense
De ce Roi qu'à jamais nous pleurerons en France....
Leur zèle malheureux, et jamais abattu,
Vous dit qu'aimer mon art c'est aimer la vertu.

Oui, Diane, toujours à la vertu propice,
Lui tend du fond des bois une main protectrice....
Toujours elle régna dans les cœurs généreux
Où l'amour du devoir brilla des plus beaux feux.
Des héros, ô chasseurs ! nous fournissons l'élite ;
L'histoire dans nos rangs a pris son Hippolyte !
De nos rangs sont sortis les vainqueurs d'Ilion.
Chacun de tous ces Grecs, Castor, Mélanion,
Méléagre, Céphale, Ulysse, Diomède,
Podalyre, Actéon, Achille, Palamède,
De Diane en son temps devint un favori ;
Mais ils l'ont cédé tous à notre grand Henri,
A ce vainqueur fameux de la ligue rebelle,
Des chasseurs, des amants, des guerriers le modèle.
Après lui, s'il fallait quelques témoins de plus,
Pour prouver qu'à nos jeux tous grands cœurs se sont
Des temps qui l'ont suivi j'entr'ouvrirais l'histoire ;
Sa famille chérie, au faîte de la gloire,
D'age en âge élevant les lys et nos drapeaux,
M'offrirait des chasseurs autant que de héros.

De tout ce que j'ai dit, preuve affreuse, accablante,
La plume à la citer fuit de ma main tremblante.
Pourquoi ne sont-ils plus, ces princes valeureux,
Ce Bourbon, ce Condé, dont le sang précieux,

A la fleur de leurs ans, coula sur cette terre
Qu'ils aimaient de l'amour qu'un fils porte à sa mère?
Leurs généreux penchans, leur constante douceur,
N'ont pu des assassins arrêter la fureur !
Que craignait donc en eux l'infâme politique
Qui plaça le poignard aux mains d'un fanatique?
Qui, d'un plomb détestable, arma les Vétérans,
Tristes exécuteurs de ses ordres sanglans [5]?
Sinon cette vertu dont Diane en leur âme,
Pour le bien de la France, alimentait la flamme,
Fermes soutiens du juste, effroi du scélérat,
Ma patrie eût par eux repris tout son éclat....

 Quand de vos meurtriers les trop funestes armes
Allaient ouvrir pour nous la source à tant de larmes,
Princes, dans nos forêts pourquoi n'étiez-vous pas?
Pourquoi de nos chasseurs nul n'entourait vos pas?
L'ennemi de ce sang qui coulait en vos veines,
Dans le nôtre du moins aurait calmé ses haines,
Eteint sa soif affreuse. Ah! plutôt à nos yeux
A peine auraient paru ces tigres odieux,
Qu'accablés sous nos coups au sortir du repaire,
Leur mort nous eût laissé notre avenir prospère.

 Et vous, jeunes chasseurs, dont les nobles penchans
Vous feraient entrevoir quelque attrait en mes chants,

Qui, contemplant des lys la tige chancelante,
Frémissez avec moi d'une juste épouvante,
Un temps pourrait venir où ces lys, votre amour,
Chercheraient dans vos bras... En attendant ce jour,
Sur ces tyrans des bois de qui l'instinct vorace
Aux blanchissans agneaux fait sentir son audace,
Sachez les exercer pour défendre à la fois
Nos dieux, nos libertés et le sang de nos rois.

Ainsi lorsqu'à la paix dans le sein de la Grèce,
Rentrait son intrépide et brillante jeunesse,
De Bellonne en ce temps quittant les étendards,
Elle était le fléau des ours, des léopards;
Et les dangers qu'alors offrait notre carrière,
Etaient un aliment à cette ardeur guerrière,
Qui, changeant tour à tour des chasseurs en soldats,
La faisait s'élancer des forêts aux combats.

A cette époque, où l'art, encor dans son enfance,
Du nitre détonnant ignorait la puissance;
Que d'un tube de fer sortant avec effort,
Au loin un lourd métal n'allait porter la mort;
Que simplement armé d'un arc, de javelines,
D'un épieu, le chasseur, à travers les épines,
Les ronces, affrontait un sauvage animal,
Pouvant à chaque instant lui devenir fatal;

Que souvent à la force opposant le courage,
Il s'allait corps à corps exposer à sa rage,
Quelle gloire entourait le jeune Athénien
Qui, vainqueur d'un lion, l'effroi du citoyen,
La terreur des troupeaux, chargé de la dépouille
Du monstre dont le sang encor fumant le souille,
Se dirigeait au temple où son encens pieux
Devait de ses exploits remercier les dieux !

Parmi nous le lion, le tigre, la panthère,
Au chasseur n'offrent point cette vaste carrière
De peines, de dangers, de plaisirs et d'honneur,
Où se fût d'un Français signalé la valeur ;
Mais au public encore on peut s'y rendre utile,
Toutefois que son bien sera votre mobile ;
Nos troupeaux, nos moissons, ont assez d'ennemis,
Et quelque éclat encore à vos coups est promis,
Si, docile à ces lois que je vous fais connaître,
En en prenant le nom, chasseur, vous savez l'être.

Dans de premiers sentiers j'ai dirigé vos pas ;
Mais ce peu de leçons ne vous suffirait pas
Pour atteindre à ce rang que vous promit ma Muse ;
Je ne veux là-dessus que votre esprit s'abuse.

Il est mille autres soins que l'art attend de vous :
Il faut tous les connaître, ou les ignorer tous....

Le chien de vos travaux partage la fatigue ;
D'attentions pour lui vous serez donc prodigue.
Surveillez sa naissance, et de ses premiers ans
Réprimez à propos les trop fougueux élans.
De l'insecte sauteur, qui dans son poil se glisse,
Que le savon parfois en été l'affranchisse ;
Que le beurre et le soufre, avec art combinés,
L'arrachent aux tourmens des vices cutanés.
Ne lui regrettez pas ces légères dépenses :
De lui combien pour vous naîtront de jouissances !
Source de vos plaisirs, compagnon de vos jeux,
Voyez-le constamment sacrifiant pour eux
Sa vie ou ses besoins, plein d'ardeur, de vaillance,
Braver du sanglier la terrible défense,
Ou tombant à l'arrêt, vous garder le plaisir
De tuer un perdreau qu'il brûle de saisir.

Par un juste retour, qu'une soupe abondante,
Si bien due à sa faim chaque soir la contente ;
Puis sur la paille fraîche, à son aise étendu,
Qu'il repose son corps de fatigue rendu.
Dès le surlendemain vous le verrez encore
Par ses gestes en vous chercher à faire éclore
L'ardeur qui le tourmente, et sur le point du jour,
Venir vous annoncer que l'aube est de retour.

Ce n'est pas que du chien les races différentes
Pour vous également soient toutes importantes.
Dans un divers instinct, puisant diverse loi,
Chacune en est plus propre à tel ou tel emploi.
Guidé par ces esprits que le pied de la bête
Déposa sur le sol, l'un va se mettre en quête ;
Prudent, il les recueille, et, malgré cent détours,
De la trace embrouillée il démêle le cours ;
La bête part enfin, et toujours sur la voie,
Il la suit, il l'atteint, il en fait votre proie :
Telle façon de faire est propre au chien courant.
Le braque ou l'épagneul prend un tour différent :
Il quête son gibier sans se donner la peine
De fixer ses naseaux sur la piste incertaine.
A travers les buissons, le chaume, le guéret,
Il le cherche, le sent, et se met à l'arrêt.
Tel cet oiseau léger descendant de la nue,
Où l'éclair qui subtil échappe à notre vue,
Le regard attaché sur le gibier qui fuit,
Le levrier s'élance, en deux bonds le saisit.
Pour atteindre un seul but, voilà les trois manières
Que l'art ou la nature au chien rend familières ;
Mais la forme du corps tout autant que l'instinct,
Mit encore à la race un cachet bien distinct.

A son râble allongé, ses oreilles flottantes,
A son large fanon, et ses lèvres pendantes,
Le chien courant se juge. On connaît le second
Au corps plus élevé comme aussi bien moins long.
Le levrier enfin a les côtes étroites,
Le dos arqué, l'œil vif et les oreilles droites.
De la partie au tout ce sont tous ces rapports
Qui dans l'individu font la beauté du corps.
Recherchez celle-ci qui n'est sans importance,
Quoique bien au-dessus, prisez l'intelligence.
La beauté trop souvent n'est qu'un masque trompeur
Qui dérobe à nos yeux un être sans valeur :
Le discerner n'est pas toujours chose facile,
Et tout peut dans un chien tromper le plus habile.
Chez lui, comme partout, le bizarre destin
Souvent y paye mal un mérite certain,
Et tandis qu'un roquet, jouet de la richesse,
Chaque jour est gorgé des mains de sa maîtresse,
Que nul morceau pour lui n'est encore trop bon,
Mélampe meurt de faim chez un pauvre Actéon ;
Sachez l'y découvrir, et dans votre équipage
Qu'il occupe le rang promis à son courage.
Mais aussi n'allez pas, d'un esprit libéral,
Sur de principes faux jugeant votre animal,

Sans égard pour le sang qui circule en la bête,
Sottement d'un corneau vous faire un chien de tête [4].

Le sort ou votre argent vous aurait-il nanti
D'un fils de ce Rustaut qui jamais n'a menti,
Vous donnerez vos soins à sa progéniture ;
Qu'une lice, à la robe alliant la stature,
Vous fournisse avec lui des sujets en beautés,
Partagés non moins bien qu'en grandes qualités [5].
En ce siècle d'erreurs, quoi qu'on dise et qu'on fasse,
N'oubliez ce dicton : « Bon chien chasse de race. »
Dans votre meute est-il de ces ambitieux
Portant hors de la ligne un pied séditieux ?
Réformez ces sujets dont l'espèce mutine
Prétend vivre sans lois, sans frein, ni discipline ;
Sur leur exemple un jour les autres se guidant,
Malgré vous de travers courant et clabaudant,
Et sourds à votre voix trop faible ou méprisée,
Des Huberts du canton vous rendraient la risée [6].

A vous parler du chien, non sans droit retenu,
Je m'en suis avec vous long-temps entretenu ;
Sur ce point de votre art c'est assez vous instruire.
Le coursier a des droits auxquels je pourrais nuire,
Si sur d'autres sujets, fatiguant mon pinceau,
Appauvri de couleurs, j'en offrais le tableau.

De ce bel animal trop grands sont les services :
En affaiblir l'éclat serait des injustices,
Celle dont un chasseur devrait le plus rougir ;
Un chasseur en ingrat pourrait-il donc agir.

Mais quoi ! le son du cor a frappé son oreille :
Pour la gloire à l'instant son ardeur se réveille ;
A mes exploits nouveaux brûlant de concourir,
Impatient sous moi je l'ai senti frémir ;
En légers mouvemens d'abord il se balance,
Et d'un pas cadéncé fièrement il s'avance ;
De son regard superbe il mesure les champs,
Il en fait un théâtre ouvert à ses élans ;
Mais docile à ce frein dont il connaît l'empire,
C'est en obéissant qu'à la gloire il aspire.
Pour se porter au lieu d'où part la voix des chiens,
Il attend que du mors les maîtrisans liens
A sa bouillante ardeur n'opposent plus de chaînes.
C'en est fait, et la meute a gagné dans les plaines :
Il est temps de partir. Déjà même un chasseur
D'arriver le premier croit me ravir l'honneur,
Et d'avance goûtant le fruit de sa victoire,
Enrichit ses lauriers de mon ancienne gloire.
Vain calcul ! mon coursier, pénétrant mes desseins,
Intrépide, a franchi les fossés, les ravins,

Et bientôt, dépassant ce rival téméraire,
Pour prix de son orgueil le couvre de poussière.
    Ce n'est le tout encore, un triomphe plus grand,
Mieux fait pour un chasseur, un peu plus loin m'attend.
J'aperçois un vallon, dans le fond, un bocage
A la bête lancée offre un étroit passage;
Elle va le franchir : je n'ai plus qu'un moment,
Mon rapide coursier m'y porte au même instant;
Mon cœur bat de plaisir, le monstre va paraître;
Je le vois, et le plomb, chassé par le salpêtre [7],
L'étend roide à mes pieds. Lors le cor et ma voix
En bruyans hallalis font retentir les bois :
Les chasseurs dispersés de toutes parts arrivent,
Les cris et les bravos dans leurs bouches se suivent.
Je suis roi de la chasse, et, grâce à mon coursier,
Du pied droit de la bête on me fait un laurier [8].
Sans lui, pour un tireur vous jugez quelle peine,
Faudrait du coup d'autrui que je vous entretienne [9].
    Aussi lui rends-je en soins ce qu'en gloire, en plaisir,
Chaque jour avec lui je me puis acquérir.
Agissez comme moi : que dans votre écurie
Par l'avoine et le foin sa vigueur soit nourrie.
Sur son palefrenier ayez l'œil attentif,
A l'étriller, brosser, vous le rendrez actif;

Tour à tour qu'il emploie et l'éponge et le peigne,
Qu'à des instans marqués il l'abreuve et le baigne.
A ces soins différens vous sauriez vous plier,
Ce n'est tout, maintenant il faut être écuyer.
De son coursier, par là, j'entends dire être maître ;
Savoir le manier, en chevaux se connaître.
Ces trois points forment l'art et noble et précieux
Que Neptune, dit-on, apprit à nos aïeux.
Il faut pour les premiers du nerf et de l'adresse,
De l'à-plomb avant tout ; mais quoique dans l'espèce
Le luxe du talent ne doive être banni,
On peut être écuyer sans être un Franconi.
Il faut pour le dernier du tact, de l'habitude,
S'être fait du cheval une certaine étude.
En celui que Diane appelle à la servir,
A sa rapidité tout devra concourir :
Sa taille sera fine et sa tête légère ;
En temps bien mesurés il frappera la terre ;
Son œil doit être vif : à l'air rafraîchissant
Ses naseaux offriront un canal suffisant ;
Ses épaules seront libres et dégagées,
Son corps tant soit peu long, ses hanches déchargées ;
Il sera vigoureux et froid en même temps,
Souple, docile, âgé tout au moins de six ans [10].

Qu'il ait le Limousin ou l'Anjou pour patrie;
Qu'il soit né dans le Perche ou dans la Normandie;
Qu'il ait reçu le jour aux plaines d'Albion,
Dans les champs andaloux, aux déserts de Sion,
Si d'un tel animal le ciel vous a fait maître,
Sans de bonnes raisons ne cessez pas de l'être....
Le goût du changement est un goût dangereux:
Le pire est ici-bas tout à côté du mieux.
Il fut, dit-on, un peuple aimable, mais volage,
Alliant les plaisirs, les grâces au courage;
Qui, voulant se donner un air de gravité,
Ne fit sans l'acquérir que perdre sa gaîté....
De ce maudit penchant, celui de l'inconstance,
S'il fallait démontrer à quel point l'influence
Est à craindre pour nous, mille preuves en main,
J'en pourrais avec vous jaser jusqu'à demain.
Mais je crois entrevoir que ma Muse bavarde
Du plan qui lui fut fait à sortir se hasarde;
Qu'à l'exemple fâcheux de tant de bonnes gens
De qui la politique use si mal le temps,
A la variété soit qu'elle sacrifie,
Elle émigre au terrein de la philosophie.
Mais chasseur, comme au Roi fidèle à l'à-propos,
Je sais qu'il est des temps marqués pour le repos.

NOTES
DU DEUXIÈME CHANT.

----

¹ Louis XVI ayant reconnu la nécessité de quelques changemens dans les lois du Royaume, convoqua les États-Généraux, afin de mieux s'éclairer sur la nature des changemens à opérer. N'était-ce pas l'amour qu'il portait à son peuple, qui lui dicta cette démarche? Et pouvait-il faire de son pouvoir un usage mieux fait pour lui assurer le cœur et la vénération de ses sujets? Mais bientôt convaincu que, loin d'avoir trouvé, dans la plupart des députés, des hommes disposés à seconder ses vues patriotiques, il n'avait à faire qu'à des esprits égarés, à des ambitieux, à des traîtres, il ordonna la dissolution de cette Assemblée dangereuse. Il en avait le droit, et jusque-là je ne vois point encore de révolution. On sait quelle fut la réponse de Mirabeau à la notification de cette ordonnance du Monarque, et quelle fut la délibération de l'Assemblée. Alors commença la révolution, alors violateurs des lois de leur pays, parjures au serment qu'ils avaient fait de les observer et de les défendre, infidèles à leur mandat et à l'honneur, les membres de cette Assemblée ne furent plus que des rebelles ; et si des malheurs ont été la suite de la révolution, c'est sur eux que doit en peser la première responsabilité.

² Xénophon, à la suite de son Traité sur la Chasse, fait

contre les sophistes de son temps une sortie vive, où la philantropie de ce grand homme se revêt des couleurs les plus énergiques ; nous avons pensé que nos lecteurs seraient bien aises de connaître le génie de cet écrivain, qui fut en même temps homme d'Etat, guerrier et grand chasseur, et dont un intervalle de vingt-deux siècles n'a pu nous dérober la gloire. Nous leur laissons le soin de faire entre les temps actuels et ceux où il a vécu, tels rapprochemens qui leur paraîtraient convenables. Nous rapporterons ce chapitre d'après la traduction que nous en a donnée M. Gail.

« J'admire, en vérité, ces gens que l'on appelle so-
« phistes, qui prétendent, pour la plupart, guider la jeu-
« nesse vers la vertu, tandis que, en effet, ils l'égarent.
« Voyons-nous un seul homme que les sophistes de nos
« jours aient rendu vertueux ? Offrent-ils au public un
« ouvrage, dont la lecture rende nécessairement l'homme
« meilleur ? Combien, au contraire, n'ont-ils pas publié
« d'écrits frivoles, qui amusent inutilement la jeunesse,
« sans lui présenter aucun trait de vertu ! qui, d'ailleurs,
« dérobent à l'instruction des moments qu'on croyait lui
« donner, détournent des études solides, et n'enseignent
« que des mensonges ! Je leur reproche donc fortement
« des torts aussi graves. Je blâme encore les expressions re-
« cherchées dont fourmillent leurs écrits... Je ne suis qu'un
« esprit ordinaire, mais je n'ignore pas que la première ins-
« truction de l'honnête homme vient de la nature; après elle,
« consultons les sages qui ont de véritables lumières, mais
« non ceux qui ne possèdent que l'art de tromper...

« Peut-être mon style est-il dépourvu d'élégance ; mais
« je ne suis point jaloux de cet avantage. J'ai à cœur de
« tracer ici les leçons nécessaires à ceux que l'on forme à

« la vertu; or, ce ne sont pas les mots, ce sont les principes
« solides qui instruisent.

« J'exhorte donc à se tenir en garde contre les préceptes
« de ces maîtres orgueilleux, et à ne point rejeter les saines
« réflexions des vrais philosophes. Les sophistes ne courent
« qu'après les riches et les jeunes gens. Accessibles à tous,
« les philosophes ne règlent leur estime, ni leur mépris
« sur la fortune...

En parlant des chasseurs, il dit : « S'ils n'étaient pas
« infatigables, s'ils ne se distinguaient par leur vigilance et
« leur sagacité, feraient-ils du butin? Des animaux sont
« bien forts quand ils combattent pour leur vie, dans leur
« propre retraite.

« Ceux qui veulent dominer dans leur pays, ne cher-
« chent qu'à subjuguer des amis ; des chasseurs au contraire
« n'en veulent qu'à des ennemis communs. L'exercice
« même auquel ils se livrent, les rend plus aguerris contre
« d'autres adversaires, tandis que l'exercice des premiers
« ajoute encore à leur dépravation. Le butin des uns ré-
« compense leur prudence, celui des autres est le fruit
« d'une honteuse audace. Les chasseurs méprisent tout gain
« sordide, toute action lâche, les autres n'ont pas ce cou-
« rage, etc.

3 J'ai entendu raconter nombre de fois, que les Vété-
rans commandés pour supplicier monseigneur le duc d'En-
ghien, touchés de la jeunesse et de la bonne mine de l'il-
lustre victime, se rappelant sans doute encore tout ce que
ce nom de Condé prête d'éclat à notre gloire militaire,
hésitèrent un instant au signal donné ; des larmes mouillè-
rent pour la première fois les yeux de ces vieux guerriers, qui
étaient toujours restés calmes à la vue de leur sang ou celui

de leurs camarades , coulant à grands flots sur le champ de bataille. Ce combat en eux de la pitié et du devoir qui l'emporte sur elle , était trop bien dans le caractère du militaire français, pour que nous avions pu résister au plaisir de rapporter ce fait , comme on nous l'avait indiqué.

4 Le Corneau est le métis du chien courant et du mâtin : il n'y a que les braconniers qui se servent de cette espèce de chiens qui quelquefois ont du brillant dans les formes , et la manière de faire ; mais aussi mentent très-souvent, s'emportent sur la voie , et ne se créanssent jamais comme les chiens de races pures. Ils manquent en outre de l'intelligence qui caractérise les derniers , et ne savent pour ainsi dire que courir. Un connaisseur n'achètera , ni ne gardera un chien de cette espèce.

5 M. Delaconteie, dans son école de la chasse, dit « Les chiens pour lièvre , chevreuil et cerf, doivent être français. » Il veut qu'ils soient de belle taille, et il a raison : l'œil est bien plus flatté de voir un équipage composé de beaux chiens. Une meute composée de petits chiens, ou même de chiens de taille différente , ne produira jamais le même effet. On trouve en France des chiens qui réunissent les deux avantages de la beauté et de l'intelligence; comment se fait-il que des amateurs de la chasse , par un caprice que je ne puis excuser , aillent chercher dans les pays étrangers et particulièrement en Angleterre , les chiens dont ils veulent se servir? Ce caprice antipatriotique a été bien puni plus d'une fois. J'ai vu venir de ce pays des chiens dont la taille étriquée , la voix sifflante valaient à leurs acheteurs les plus justes comme les meilleures plaisanteries.

6 Il suffit quelquefois d'un mauvais chien pour déranger

toute une meute, et détruire l'agrément d'une partie de chasse; j'engage les amateurs à adopter rigoureusement le précepte que je viens de leur déduire.

7 Avant l'invention des armes à feu on se servait pour attaquer le sanglier et le loup de flèches ou de pieux : on tâchait d'abord de faire tomber l'animal dans des filets tendus sur son passage. C'était alors que le chasseur le plus expérimenté s'avançait sur la bête (comme le dit Xénophon), « se tenant ferme, et la main gauche en avant la « droite en arrière ; car c'est la gauche qui dirige le coup, et « la droite qui le porte. Le pied gauche sera sur la même « ligne que la main gauche, le droit sur celle de la droite. « Vous porterez le coup en n'écartant les jambes que du « pas de la lutte ; observant le regard de l'animal et jusqu'au « moindre mouvement de sa tête. » Cette description et ces conseils nous font assez voir que, dans sa jeunesse, Xénophon avait long-temps pratiqué l'exercice dont par la suite il enseigna les lois.

8 Il est d'usage qu'avant la curée le premier piqueur lève le pied droit de la bête qui a été mise à mort, et le présente soit au prince soit au chasseur qui l'a tuée.

9 Généralement les chasseurs aiment à raconter leurs prouesses. Peut-être chez quelques-uns d'entr'eux ce penchant a-t il été poussé à l'excès. M. Delille en a fait une fort bonne critique dans son poëme de l'Homme des champs, où il peint un chasseur narrateur, qui met comme le cerf, l'auditeur aux abois. Je n'ai point voulu séparer ici ma cause de la leur ; en parlant à la première personne j'ai voulu faire voir que j'étais du métier, et ne rougissais point d'une habitude, qu'à leur tour les chasseurs pourraient reprocher aux militaires.

10 La plupart des auteurs qui ont écrit sur la chasse n'ont que peu ou point du tout parlé du cheval. Je me suis empressé de réparer cet injuste oubli. Le cheval est essentiellement acteur dans ces sortes d'exercices : il y prend de lui-même une très-grande part. J'en ai vu souvent, sans autre guide que leur oreille, se porter du côté où la chasse se faisait entendre, s'arrêter, courir et suivre tous les mouvemens des chiens.

TROISIÈME CHANT.

Retiré dans Scillonte, autrefois Xénophon [1],
Cet écrivain chasseur, politique profond,
Qui du commandement en ses mains eut les rênes,
Instruisait sur mon art la jeunesse d'Athènes.
Bien qu'il nous l'ait voilé, le but qui le tentait,
Trop digne de lui-même aisément apparaît,
Dans le bien général était son vrai mobile.
Ce grand homme, à l'Etat incessamment utile,
Des mouvemens du cœur habile à se saisir,
En excluait le vice au moyen du plaisir.
 Que n'ai-je son talent! Partout de la patrie
Je ferais à mon tour régner l'idolâtrie ;
Partout l'amour de Dieu, l'amour du Souverain,
S'empareraient des cœurs sous mon heureuse main.
Des révolutions bornant là la carrière,
Modestes même encore au sein de la lumière,
Les premiers par nos mœurs, nos arts, nos libertés,
Nous serions un fanal pour les sociétés.
 Toutefois, me faisant de ce sage un modèle.
Etranger au Parnasse, à Diane fidèle,

Et par elle inspiré, dans mes faibles écrits
J'essayais de donner à ses jeux quelque prix.
Mais encore accablé de cette perte immense
Qu'avaient faite à la fois Caroline et la France,
Et le pauvre, et mon art, voyant qu'à leurs couleurs
Mes pinceaux désolés toujours mêlaient des pleurs,
Ne voulant ajouter à ce commun martyre,
Je laissai sous mes doigts se démonter ma lyre....
    Quand le bronze éclatant par vingt-et-une fois,
D'un bruit consolateur fit retentir les bois ;
Et d'un nouveau Bourbon publiant la naissance,
De l'appui du Très-Haut nous donna l'assurance.
A peine ce signal m'était-il parvenu,
Que brillant d'un éclat jusqu'alors inconnu,
La jeune déité, qu'en chasseur je révère,
D'un jour doux et serein éclaira ma paupière.
Son souffle au même instant du cor enflant les sons,
Réveilla les échos des forêts, des vallons,
Et leur fit répéter ces mots tout pleins de charmes :
« Tes malheurs vont finir, France, sèche tes larmes,
« Ce que tu regrettais en d'Enghien, en Berry,
« Tu le retrouveras dans ton nouvel Henri.
« Digne de ses aïeux et né sous mon étoile ,
« Sa main juste mais ferme arrachera le voile

« Que de l'impiété te cachent les ressorts,

« Sa main des libertés épandra les trésors,

« Ces trésors que Louis sauva de leur naufrage.

« Mais de ces biens futurs songe qu'il est le gage :

« Autour de son berceau tes fidèles enfants,

« Unis d'un même esprit, doivent serrer leurs rangs ;

« Son sang pourrait couler sous un bras sacrilége :

« L'enfer est contre lui si le ciel le protége....

   « Quant à toi (me dit-elle), annonce à mes élus

« Que les temps de repos sont enfin révolus.

« Sous les chars de Cérès j'ai vu ployer la terre ;

« Déjà même sa main, agissante et légère,

« A remis son espoir en des sillons nouveaux :

« Bacchus d'un jus de pourpre a rempli ses tonneaux,

« Et sous le nom d'Hubert l'on va chômer ma fête [3].

« A célébrer ce jour que chacun d'eux s'apprête :

« Jamais pour se livrer, s'exciter au plaisir,

« Plus belle occasion a-t-elle pu s'offrir ?

« Sur le plaisir de tous le nôtre ici se fonde,

« Le bonheur des Bourbons est le bonheur du monde. »

   Partons donc, il est temps. Mais quel hôte des bois

Doit ici le premier signaler nos exploits ?

Je vous ai dénoncé cet animal rapace,

A la nuisible dent, à l'appétit vorace,

Qui chez nous des troupeaux est la destruction.
Je rappelle sur lui votre indignation.
Rusé, traître et malin, ce brigand sanguinaire [4]
Est capable de tout, s'il s'agit de mal faire.
Eh ! ne l'a-t-on pas vu dans les bois, dans les champs,
Affamé, s'élancer sur vos propres enfans [5],
Vingt fois de vos brebis, cavales ou génisses,
N'a-t-il pas à vos yeux dévoré les prémices ?
Par lui que de chasseurs qui gémissent encor
De la perte de chiens acquis au poids de l'or !
Voyez-le profitant de ces nuits où les ombres
Ont déroulé sur nous leurs voiles les plus sombres,
De ces nuits où Borée et les fiers aquilons
Semblent se disputer l'empire des vallons,
De sang et de carnage emplissant vos étables,
Ajouter à l'horreur de ces nuits effroyables ;
Et jusque sur vos porcs étendant ses dégâts,
Vous laisser sans moyens de fêter mardi-gras.
    S'est-il pas signalé par assez de ruines,
Pour qu'il soit temps de mettre un terme à ses rapines,
Ou n'étant pas sa force à redouter pour vous,
L'auriez-vous pu juger indigne de vos coups ?
Un chasseur exercé sur ce point ne s'abuse :
Il sait trop que du loup la vigueur et la ruse,

L'instinct fécond et sûr, et les sens excellens,
Ont été maintefois l'écueil de ses talens.

Si donc de votre état la gloire peut vous plaire,
Vous vous attacherez à lui faire la guerre,
A purger vos cantons de ce voleur hardi
Qui sur vos revenus chaque jour est nourri.
Quelle de vos travaux sera la récompense?
Nos colons vous devront leurs toisons, leur aisance;
Et libres, grâce à vous, du soin de leurs troupeaux,
Les bergères diront votre nom aux échos.

Mais songez, pour atteindre une fin aussi belle,
Qu'il vous faut y porter et dévouement et zèle [6];
Un seul point négligé vous mettrait dans le cas,
Le soir, malgré mes vers, d'en être pour vos pas;
Pour donc vous éviter cette attristante issue,
Qu'à mes leçons toujours votre oreille assidue
Ne diminue en rien de son attention;
Et de termes de l'art de qui l'expression
Aurait de quoi choquer un tympan difficile,
Mais dont pour m'expliquer l'emploi m'est trop utile,
Que le vôtre, ô lecteur, ne s'épouvante pas :
Ils causent à ma Muse un bien autre embarras.

Tout chasseur, s'il est sage, avant d'entrer en quête [7],
Doit ses réflexions à l'instinct de sa bête,

En connaître l'allure, et voir par quels endroits
L'animal le matin fait sa rentrée aux bois.
A-t-il sur ces trois points arrêté sa pensée,
Précédé du limier, il cherche la passée,
Tâche d'en reconnaître ; et, prenant un détour,
Il enceint l'animal en un adroit contour.
Telle est du détourner la règle générale ;
Mais l'application n'en est toujours égale.

Le loup qui, tourmenté par son instinct gourmand,
La nuit comme le jour est sans cesse en rôdant,
Secondé par des sens d'un rare excellence,
Du plus adroit piqueur trompe la confiance,
Et l'expose souvent à donner buisson creux.
Il vous faut prévenir cet échec dangereux,
Et pour en un tel cas maîtriser la fortune,
Sortez, s'il est besoin, de la route commune.
Vous apercevez-vous que la bête en des forts,
Ayant faim, et sur pieds n'en suivrait que les bords,
Assurez-vous du droit, et, brisant sur la trace,
Revenez activer les apprêts de la chasse.
Du réveil promptement vous donnez le signal ;
Hâtez le déjeûner, et bientôt à cheval,
Vous sonnez le départ. En pareille occurrence,
Vous ne sauriez user de trop de diligence [9].

Si l'animal repu se dirige aux grands bois,
Pour y trouver et calme et repos à la fois ;
Si vous reconnaissez qu'il marche d'assurance,
A son rembûchement vous brisez en silence ;
Puis prenez votre enceinte, et faites que le vent
Ne puisse de vos pas lui donner sentiment.
Il sera détourné : tranquille en sa demeure,
Vous le retrouverez quand il en sera l'heure.
C'est ainsi le matin qu'un piqueur fait le bois [10].
    Mais pour lancer la bête et la mettre aux abois,
Nous avons l'un et l'autre à méditer encore ;
Et le champ à nos soins n'est pas prêt de se clore.
Pour la chasse du cerf je veux de la grandeur ;
Qu'on donne à sa conquête un vernis de splendeur :
Elle est digne des rois. Mais l'animal perfide
Que conduit un instinct nuisible autant qu'avide,
Qui se fait ennemi de la société,
Ne doit trouver en vous qu'un vengeur irrité [11].
Celui que vous guettez, tout gonflé de sa proie,
Au centre des forêts s'est revu plein de joie,
Là, sous quelque rocher battu par les Autans,
Il goûte ces plaisirs qu'éprouvent des brigands,
Pensant, à force d'art, à force d'artifice,
Avoir soustrait leurs pas aux yeux de la justice.

Qu'il sache que parfois si le sort au méchant
Peut d'un calme imparfait procurer un moment,
Thémis, ou tôt ou tard éclairant sa retraite,
Du coup qui l'attendait saura frapper sa tête.

A vos chiens les plus sûrs vous vous fiez d'abord.
Quêtent-ils de bon temps, donnez-leur le renfort
De quelques chiens hardis : votre loup, que réveille
Et la trompe et leur voix, au bruit prête l'oreille ;
Inquiet de son gîte il sort le nez au vent,
Tournant de tous côtés son œil vif et perçant ;
Mais trop bien convaincu du sort qui le menace,
D'abord il va, revient, n'ose quitter la place :
Pour les abandonner, ces bois, ces rocs déserts,
Flattent trop grandement son naturel pervers ;
Et c'est dans ses retours qu'un chasseur sur la bête
De son tube bruyant décharge la tempête,
Si lui-même est doué d'assez d'agilité
Pour gravir de son loup l'asile infréquenté.

Enfin, aidé du vent, une étoile bénigne
Des tireurs lui fait-elle outrepasser la ligne,
De son infatigable et vigoureux jarret,
En des bois éloignés il fuira tout d'un trait.
N'entendant plus le cor à la meute il fait tête [12],
Lui dérobe sa trace, et bientôt la requête

De l'animal rusé ne peut plus avoir lieu,
Si d'arriver aux chiens vous tardez tant soit peu.
Vous ne commettrez point une pareille école;
Et pour montrer qu'ici vous savez votre rôle,
Vous portant sans retard vers les chiens égarés,
Du cor et de la voix vous le rameuterez.
Animés par vos cris, ils goûteront la voie,
Et bientôt devant eux remettront votre proie.
Vous aurez par vos soins relevé le défaut.
    L'animal, inquiet de ce nouvel assaut,
Un instant se fait battre, et ne voit de retraite
Que vers ces premiers bois dont une longue traite
L'a déjà séparé. Voudra-t-il la franchir,
Lorsque, fuyant le vent, il ne peut plus saisir
Ces émanations qui lui servaient de guide?
Repoussé par la meute enfin il s'y décide :
Des endroits les plus clairs il cherche les sentiers [15].
Bientôt il aperçoit ces rocs hospitaliers,
De ses mille larcins réceptacle paisible,
Et son premier bonheur lui semble encor possible.
Il avance à grands pas, et se croit dans ces forts
Qui doivent le soustraire à vos mortels efforts.
Vain espoir; vos tireurs restés sur les derrières,
Des taillis en grand nombre ont bordé les lisières.

De leurs coups redoublés atteint mortellement,
L'animal jusqu'au bois se traîne cependant :
Son sang noir et livide inonde au loin la terre,
Les buissons en sont teints. Bientôt la meute entière,
A grand bruit arrivant, l'entoure et l'assaillit.
Blessé, mais non vaincu, la fureur le saisit ;
Sur les chiens à son tour s'élançant plein de rage,
Un horrible combat entre eux et lui s'engage ;
Enfin un coup de feu délivre vos cantons
D'un brigand qui sans vous n'eût laissé de moutons.
    Vous venez d'acquérir un titre à cette gloire
Qui jadis d'un chasseur eût sauvé la mémoire.
Le siècle où nous vivons, difficile à l'excès,
Pour s'occuper de vous attend d'autres succès.
Le salut des troupeaux enflamma votre zèle ;
Qu'en faveur de Cérès son feu se renouvelle :
Vous voyez ces sillons qu'au prix de leurs sueurs
Avaient ensemencés de pauvres laboureurs,
Renversés maintenant sans ordre, sans culture,
L'œil y retrouve à peine un reste de verdure.
A l'aspect effrayant de ces blés ravagés,
Fidèle ami des champs, vous vous demanderez
Quelle barbare main, déracinant ces tiges,
De jeux aussi cruels a laissé ces vestiges ?

Qui livra ces épis aux croupissantes eaux ?
Examinez, chasseur, les auteurs de ces maux :
A nos yeux exercés d'eux-mêmes se décèlent
Ces fouillures, ces pas, leur ordre nous rappelle
Le farouche animal qui jadis au tombeau
Mit ce jeune chasseur, des mortels le plus beau,
Ce chasseur adoré que Vénus pleure encore.
C'est ce même animal qui, du soir à l'aurore,
Parcourant autrefois les champs de Calydon,
Sans Méléagre, en eût affamé le canton ;
Et c'est lui qui tantôt de ces plaines fertiles,
De ces champs verdoyans, fit des guérets stériles.
    Armez-vous contre lui de toute la vigueur
Que nos plus grands travaux exigent d'un chasseur.
Sa force incalculable autant qu'impétueuse,
Je dois le dire, en rend la conquête chanceuse,
Et mes yeux, maintefois, l'ont vu mêler son sang
A celui du chasseur qui lui perça le flanc [15].
    Mais je vois que bien loin de nuire à votre audace,
Devant qui l'honneur reste et le péril s'efface,
Cet avis que ma Muse avait dû vous donner,
Bien qu'opportun, en vous ne fait qu'aiguillonner
Cet amour des hauts faits qui d'un cœur noble émane.
Partons donc de nouveau : pour les fils de Diane

Qu'importe le danger si la gloire le suit ;
N'est-il pas à l'honneur ce que l'arbre est au fruit ?
　Si de votre limier la vieille expérience
Du pied de l'animal vous obtient connaissance,
Vous suivrez en ce cas ce qui fut dit alors
Que le loup fut par nous détourné dans les forts.
Presque dans tous les temps le sanglier réside
Au lieu le plus épais comme le plus humide.
Préférant ces endroits frais et marécageux
Où croît le nénuphar, où le cresson fangeux
En la saison d'hiver lui sert de nourriture.
　Confiant en sa force et sa tranchante armure,
Couché sous des roseaux qu'ombrage un coudrier,
Il laissera long-temps vos chiens le défier,
Le crin tout hérissé, leur montrant sa mâchoire,
Dont il fait cliqueter l'épouvantable ivoire ;
Mais enfin excédé par leur nombre et leurs cris,
De sa bauge il s'élance, et sur les plus hardis
Décharge impétueux sa fougue meurtrière,
Et dès ses premiers coups les met sur la litière [16].
Pourtant intimidé par la voix des piqueurs,
Il fuit avec fracas au poste où vos tireurs,
Le mousquet à la main, l'attendent au passage ;
Mais son aspect de l'un a glacé le courage,

L'autre pâle et tremblant, et d'un œil égaré,
Lui lâche à tout hasard son coup mal assuré.
Effrayé, mais non pas atteint de leur mitraille,
L'animal court et fuit à travers la broussaille;
Et, fier de son départ, sur ses pieds redressé,
Chacun de vos tireurs vous dit : Je l'ai blessé.

Cependant que du fait ils jasent à merveille,
Le bruit des chiens s'éloigne, et déjà votre oreille
Avec peine en saisit quelques sons incertains.
Côtoyant et vallons, et ruisseaux et ravins,
La bête monstrueuse a partout sur leurs rives
Inspiré la terreur; les bergères craintives,
Le front décoloré, du côté des hameaux,
En hâte rassemblés ont conduit leurs troupeaux.
Les pâtres, plus adroits, que la peur sollicite,
Sur les arbres voisins sont montés au plus vite.
Seul, à travers les bois, de votre ardent coursier
Pressant le flanc poudreux, par un étroit sentier,
Je vous vois la sueur vous coulant sur la face,
Arriver palpitant à l'endroit de la chasse.
L'animal essoufflé d'un aussi long trajet,
Sentant de plus en plus affaiblir son jarret,
Sous le poids fatiguant de son énorme masse,
Arrivé dans les forts, aux chiens fait volte-face.

De son affreux dentier les charge et se défend,
Tour à tour assailli, tour à tour assaillant,
Par la force il combat, repousse la vaillance :
L'assaut est vigoureux, non moins l'est la défense.
Mais tremblez pour vos chiens; déjà d'affreux lambéaux
De leurs flancs déchirés s'attachent aux rameaux [17];
Leur sang coule, la terre et la mousse en sont teintes.
Les laisserez-vous donc en butte à des atteintes
Que le soin de leurs jours leur ferait éviter,
Et qu'ardens pour vous plaire ils courent affronter?
A leur voix déchirante, à leurs cris de détresse,
De ne pas accourir auriez-vous la faiblesse?
Par vous-même chasseur... Non, non, la foudre en main,
Vers le monstre acculé vous pénétrez soudain,
Le coup part, et la balle, au-dessous de l'oreille,
Lui fait une ouverture aux deux côtés pareille [18].
Mais calme et de sang-froid vous ménagez vos coups
Au cas où l'animal avancerait sur vous.
Furieux et sanglant, à vos pieds il se traîne,
Se lève.... Un second feu le couche sur l'arène.
Vos chiens, qu'ont ranimés sa chute et votre voix,
Sur l'ennemi commun s'élancent à la fois,
Et vengent sur sa peau, qu'ils criblent de morsures,
Et leurs compagnons morts et leurs propres blessures.

Pour vous en qui la gloire avec la modestie
Exercent à propos leur douce sympathie,
Vous laissez aux chasseurs près de vous accourant
Le soin d'apprécier un exploit aussi grand,
D'exalter les périls que, dans la circonstance,
Vous avez affrontés avec tant d'assurance.
  Exercices charmans, plaisirs délicieux !
O Vierge des forêts ! combien de fois tes jeux
M'ont fait remercier l'éternelle puissance
Qui dans l'obscurité me fit prendre naissance,
Et d'un trompeur éclat garantissant mes jours,
Me permit à ton art d'en consacrer le cours !
Si loin de tous soucis mes heures s'écoulèrent,
Je le dois à ces bois où les dieux me placèrent.

NOTES
DU TROISIÈME CHANT.

----

[1] Xénophon, après avoir rendu à sa patrie les services les plus signalés, avait été exilé, et s'était retiré dans les environs de Scillonte, ville de la Grèce, dans le voisinage du mont Pholoé, à peu de distance du temple de Jupiter olympien; ce fut là qu'il écrivit ses *Cynégétiques*.

[2] Monseigneur le duc de Bordeaux est né le 29 septembre à deux heures trente-cinq minutes du matin. C'est ordinairement à la mi-septembre que se fait l'ouverture de la chasse.

[3] Parmi les saints patrons, dont les noms excitent la plus fervente dévotion aux jours qui leur sont consacrés, M. Delille, dans son poëme de la *Pitié*, a cru devoir signaler saint Hubert.

> « Soit (dit-il) ce fameux Hubert, qu'au son bruyant du cor
> « Le chasseur dans les bois tous les ans fête encor. »

Cette fête se trouve le 3 novembre, qui est l'époque la plus convenable pour la chasse aux chiens courans, la terre se trouvant alors dépouillée de tous ses fruits. et les chasseurs n'ayant plus à craindre de nuire aux récoltes.

[4] « Moutons, chèvres, veaux, poulains, volailles, chiens, » ânes, petits ou gros animaux, tout dans le voisinage « devient la proie de sa voracité, » dit en parlant du loup l'auteur du Traité sur la chasse du lièvre.

Le même auteur ajoute : « Si l'imprudence ou l'inatten-
« tion du berger, lui laisse la possibilité d'entrer dans la
« bergerie, il y étrangle tout... Il ne faut pas long-temps
« à un pareil animal pour détruire les jeunes élèves d'une
« ferme toute entière ».

5 M. Delaconterie parle, dans son Ecole de la chasse, de
loups qui, en Normandie, se jetaient sur les hommes, les
enfans, mais principalement sur les femmes enceintes.

6 « Mais la chasse du loup, (ajoute encore M. Boisrot),
« n'est pas celle des braconniers et des chasseurs ordi-
« naires; elle est vive, fatigante... Il faut donc pour y
« réussir, avoir la passion de faire le bien, qui fait oublier
« les peines et les dangers. »

7 Non-seulement un bon chasseur doit être ardent,
vigoureux, jeune et intelligent, il faut encore qu'il con-
naisse l'histoire naturelle des animaux qu'il se propose de
chasser; qu'il sache quelles sont leurs principales habitudes,
les ruses que la nature leur fait employer pour se procurer
la nourriture qui leur est nécessaire, ou parvenir à se con-
server. Autrement il irait souvent les chercher aux lieux
où ils ne pourraient pas être, et se donnerait des peines
inutiles.

9 Si pendant la nuit le loup n'a pu trouver à satisfaire
son appétit extrêmement vorace, il sera tout le jour à épier
l'occasion de l'assouvir; pour cela, il ne fera que rôder au
bord des taillis, dans l'espérance de surprendre quelque
pièce de bétail; et alors il est impossible de le détourner.

10 Si au contraire le loup a pu se repaître suffisamment
pendant la nuit, (et l'on ne saurait croire la quantité de
nourriture que son ventre est capable de contenir), un des

plus gros moutons lui suffit à peine. Alors il rentrera au bois de très-bonne heure, il ira droit au fort pour ne pas être troublé dans son sommeil digestif; et dans ce cas on peut le détourner.

¹¹ Tous moyens sont bons quand il s'agit de se débarrasser d'un si vilain animal, et de se soustraire à ses dégâts : on se servira donc du fusil, des piéges de toutes espèces, du poison même, sauf les précautions exigées en pareil cas. Je publierai un jour un recueil de piéges et recettes, dont quelques-uns ne sont pas connus. Le Gouvernement encourage par des primes la destruction de cet animal nuisible; mais ce moyen est insuffisant. Ne pourrait-on pas avoir des équipages de chasse ambulants, qui se transporteraient dans les départemens sur la demande des préfets ou sous-préfets? Il est tels cantons dans le département de l'Allier ou du Puy de Dôme, notamment dans les montagnes près de Vichy et du Mont-d'Or, dont les forêts sont peuplées d'une quantité innombrable de ces animaux. Il serait digne d'un prince d'avoir des équipages uniquement destinés à porter dans les provinces cette espèce de secours.

¹² Le loup s'embarrasse assez peu de la présence des chiens, en si grand nombre qu'ils soient. J'en ai vu se tenir dans le milieu de la meute, ne paraissant occupés que du soin de ne pas tomber sous le feu des tireurs. Et l'on ne peut se faire une idée de sa sagacité à les éviter. On le verra souvent ne pas vouloir passer dans une langue de bois où il se trouvera un seul tireur, et traverser au milieu d'un grand nombre de laboureurs, malgré leurs cris et les instrumens qu'ils auraient à la main.

¹³ Toutes les fois qu'un loup chassé marchera le vent ar-

rière., on lui verra suivre les clairs et les champs.; la raison
en est toute simple , c'est que son nez qu'il a extrêmement
fin , ne pouvant lui servir pour éventer les tireurs., il cher-
chera à remplacer , par la vue qu'il a singulièrement per-
çante , ce que ce premier organe a d'impuissant en pareil
cas. J'engage les chasseurs à ne pas négliger cette observa-
tion , et à bien se cacher , s'ils veulent tirer l'animal.

14. Les environs de la ville de Calydon étaient ravagés
par un sanglier monstrueux , contre lequel plusieurs princes
grecs s'armèrent et se réunirent : Méléagre fut celui d'entr'eux
qui eut l'honneur de le mettre à mort.

15. Il n'est point rare qu'un sanglier, surtout lorsqu'il
atteint sa quatrième année., se jette sur les hommes et sur
les chevaux. La prudence, en pareil cas , n'a rien de com-
mun avec la lâcheté.

16. Les sangliers les plus dangereux sont ordinairement
ceux que l'on appelle solitaires ; parce qu'ils habitent seuls
au fond de quelque bois sombre et fourré : ils prennent ce
nom à l'âge de deux , quatre et six ans; après quoi leurs
défenses s'étant usées , ils ne peuvent plus faire autant de
mal aux chiens. Ils les foulent, et ne les éventrent pas
comme ils font souvent à l'âge de trois ou quatre ans , qui
est l'époque de leur plus grande vigueur. On connaît au
pied quels peuvent être l'âge et la force d'un sanglier. Un
piqueur intelligent calcule là-dessus les secours qu'il doit
porter à ses chiens.

17 M. de Laconterie parle d'un équipage de chasse , qui
chassait le sanglier pour la première fois , et où il y eut qua-
torze chiens de tués. Le fait n'a rien qui doive étonner.
Toutefois je ne partage point l'opinion de cet auteur , quand

il dit que si les loups font quelque abat, les laies vont s'y repaître avec leur famille : le sanglier n'est point carnivore; en supposant que le dénuement absolu de végétaux en ait forcé quelques-uns à manger de la chair, ce ne serait jamais qu'une exception.

Je ne suis pas non plus de son avis, quand il dit que la chaleur de ses défenses reçoit dans sa colère un degré d'intensité tel, qu'elles brûlent le poil des chiens qu'elles touchent. L'extrémité de la défense du sanglier est quelquefois aussi tranchante qu'une lame de couteau; et dans les endroits où elle porte sur le corps des chiens, elle leur coupe le poil, mais ne le brûle pas.

18 Les meilleurs endroits pour frapper un sanglier, sont ou le dessous de l'oreille ou le défaut de l'épaule : le premier est préférable, encore est-il très-rare qu'il reste sur le coup.

QUATRIÈME CHANT.

Non, je ne peux sitôt m'arracher aux forêts :
Ce séjour a pour moi de trop puissans attraits. .
Veux-je m'en éloigner, tout semble m'y sourire :
Je me rappelle alors l'air sain que j'y respire ;
Je crois quitter ensemble et plaisir et santé,
Repos, contentement, enfin la liberté.
Et quel lieu m'offrirait des délices plus pures ?
De l'envie aux serpens là, bravant les morsures,
Je ne trouve partout que des êtres amis,
Ou des sujets nombreux à mes ordres soumis.
Pénêtré-je des bois la retraite profonde,
Je me rends étranger à la scène du monde ;
De terrestres besoins ne prenant plus sa loi,
Mon esprit se dilate, et je suis tout à moi...
  Pour mes réflexions lorsquel vaste champ s'ouvre ?
Quel imposant tableau devant moi se découvre ?
Me fuyant chaque jour, la vie est d'un côté,
De l'autre m'attendant je vois l'éternité [1] :
L'une est un faible point qui s'aperçoit à peine,
De l'autre je me perds à mesurer la chaîne ;

La fin ni le milieu ne s'en peuvent saisir,
Et pourtant cette chaîne il faut la parcourir.
C'est vainement qu'armé par la philosophie [2],
Je veux me refuser à croire une autre vie :
Mon âme, qui chérit son principe immortel,
Repousse du néant le dogme criminel ;
Et, pour payer le bien, le mal que j'ai pu faire
Dans Dieu se voit un juge en même temps qu'un père.

  Mais ce maître absolu qui me donna le jour,
Pour prix d'un tel bienfait qu'attend-il en retour ?
Que lui dois-je ? Sa loi m'est-elle assez connue
Pour pouvoir d'un instant ne la perdre de vue ?
Et si je m'en écarte, entraîné par des sens
Que lui-même a doués de ressorts si puissans,
Quoi qu'ait fait ma raison, si leur force l'enchaîne,
Faudra-t-il qu'à jamais j'en subisse la peine ?
Qui de la vie alors n'abhorrerait le don !

  S'échappant de mon sein une voix me répond :
« Ce Dieu, ton Créateur, eut l'amour pour mobile
« Quand sa main te voulut arracher de l'argile ;
« En t'appelant au jour son but fut ton bonheur ;
« Mais sois-en l'instrument, lui le dispensateur.
« Qu'avant tout et surtout ton cœur l'aime et révère,
« Conserve à ton prochain l'attachement d'un frère ;

« Voilà tout le retour que ce Dieu veut de toi.

« Egaré par tes sens as-tu faussé sa loi,

« A confesser tes torts que le regret t'appelle :

« Jamais au repentir sa bonté n'est rebelle. »

Ainsi quand je m'enfonce en quelque lieu désert,

Mon esprit aussitôt, sur les traces d'Hubert [5],

De ses propres devoirs recherche l'étendue,

Et craignant de l'avoir peut-être méconnue,

En ses pieux soucis s'offre, au milieu des bois,

Les traits du Rédempteur mort pour nous sur la croix,

Et prend dans ce tableau d'un dévouement sublime

Son amour pour le bien, son horreur pour le crime.

Quel chasseur n'a connu ces heureux mouvemens,

Des bienfaits de mon art religieux garans,

Et n'en a chaque fois rapporté sur la scène

Des sentimens plus purs, une âme plus chrétienne?

Revenons donc aux bois désenchanter nos cœurs

Des fades voluptés que nous goûtons ailleurs :

Des plaisirs sans regrets c'est là qu'est la carrière ;

C'est là que des vertus, aimable hospitalière,

Diane sur nos jours répandra des douceurs

Qui font aimer la vie en nous rendant meilleurs.

Moins d'intérêt public et non pas de délices

Va de ce moment-ci suivre nos exercices ;

Là, ce ne sera plus servir votre pays,
Le soustraire aux dégâts d'animaux ennemis,
Et donnant à vos coups une utile importance,
Vous assurer des droits à sa reconnaissance.
Mais si d'abord la gloire enflamma vos désirs,
Notre art sans son secours donne encor des plaisirs.
De cet art tout divin l'attrayante puissance
Enchante la valeur, amuse l'opulence,
Séduit également la médiocrité,
Et se fait ressentir même à la pauvreté :
Ses jeux pour le guerrier des combats sont l'image,
Un Roi de sa grandeur y fera l'étalage,
Ils sont pour l'homme riche un utile plaisir,
Le pauvre a des besoins qu'il y peut adoucir.
   Ma Muse va bientôt faire entrer dans la lice
Cet animal léger que pleura Cyparisse [4];
Mais un prince peut seul subvenir aux apprêts
Voulus pour triompher de ce roi des forêts.
Si donc vous n'avez pas cette haute fortune,
Toujours sage en vos goûts, qu'une ardeur importune
Ne vous fasse courir un plaisir aussi cher.
Que seraient vos moyens employés contre un cerf,
Ce brillant animal dont la superbe tête
Exige que le luxe entoure sa conquête.

Et toi, dont le pouvoir, trop doux persécuteur,
Me fait courir ainsi les chances de l'auteur,
O Diane, soutiens la voix de ton poëte ;
C'est pour ton jeune Henri que ma lyre s'apprête :
Fais que son cœur un jour se plaise à mes accens ;
Que les donnant pour guide à ses premiers élans,
Il puise dans nos jeux cette fermeté d'âme
Qu'en lui veut le pouvoir et que son rang réclame....
De nos malheurs passés qu'il apprenne.... Mais non,
Ce serait trop sans doute exiger d'un Bourbon,
De vouloir que son cœur se ferme à la clémence ;
Où tout autre eût puni, lui pardonne l'offense :
Il prie en expirant pour celui dont les coups
L'arrachent au bonheur du père et de l'époux [5].

Respectant de ton cours la douce quiétude,
Je te laisse, ô Bonté, toute ta latitude !
A nos raisons d'Etat vouloir t'assujétir,
Noble fille du Ciel, ce serait te flétrir :
Exerce librement ta grâce vengeresse,
C'est elle qui des cœurs doit te rendre maîtresse.
Ah ! qu'ils seront honteux les cœurs assez mauvais
Pour avoir méconnu la beauté de tes traits,
Lorsqu'au front de mon prince ils verront la jeunesse
Allier à ton charme une aimable hardiesse.

Tremblans, humiliés, pleins d'un juste embarras,
Ils t'invoquent. Eh bien ! tu leur pardonneras,
Et par ce dernier trait, ouverts à ton empire,
Aux regrets, à l'amour, ils ne pourront suffire.
Et moi, de qui la Muse, à cet instant heureux
Où la faveur du Ciel l'accordait à nos vœux,
Dans le sein des forêts célébrai sa naissance,
Je vanterai nos jeux à son adolescence.

Les ordres sont donnés, partis au point du jour,
Les chasseurs des-taillis ont suivi le contour,
Les routes, les sentiers. Le rapport en indique
D'un cerf qui touche haut, et que l'art pronostique
Cerf dix cors, dont la tête est à son neuvième an [6],
Des bîches d'alentour impétueux sultan.
Vieilli dans les dangers, exercé par la crainte,
Vingt détours de ses pas ont confondu l'empreinte ;
Mais discret, le limier, de ses naseaux prudens,
A discerné le vrai des faux rembûchemens.
Le timide animal ayant vent de la quête,
Loin du fatal endroit aurait fait sa retraite,
Il eût, se dérobant et fuyant comme un trait,
Laissé, lors du retour, le véneur stupéfait.
L'aurore aux doux rayons, la pelouse mousseuse,
De ses sens ont vaincu l'habitude peureuse.

Oubliant à cette heure amour et l'ennemi,
Dans un calme funeste il repose endormi.
Ainsi, presque toujours, au penchant de l'abîme
La traîtresse fortune étourdit sa victime,
Se plaît, en la berçant de trompeuses douceurs,
A la faire passer du bien-être aux douleurs.
Tel à son dernier jour notre animal sommeille.

Un bruit qu'il connaît trop en sursaut le réveille;
Cette voix des piqueurs, des chiens les hurlemens,
Et des fougueux coursiers les fiers hennissemens,
Et le cor dont les sons, organes de la parque,
Emplissent la forêt, à son triste monarque,
Tout dit, n'en doute plus : C'est à toi qu'on en veut.
Quel parti prendra-t-il? Combattre? Mais que peut
Avec tant d'ennemis sa force ou son courage?
Il a reçu du Ciel la vitesse en partage;
Elle sauva ses jours en mainte occasion :
De la peur il écoute, il suit l'impulsion,
Il fuit.... En même temps, par l'odeur entraînée,
S'élance sur ses pas la meute déchaînée;
A son bruit qui redouble écho ne répond plus :
Les fanfares, les sons, les cris sont confondus,
Et de leur roulement au loin gémit la terre.
Sous le pied des coursiers une épaisse poussière

S'élève en tournoyant tout autour du chasseur,
Et, volant à son front, s'y mêle à la sueur.
  Rapide et vigoureux bientôt le cerf arrive
Au bord de la fûtaie, et partout à la rivè
Promène ses regards, tout fier de s'être mis
En aussi peu de temps si loin des ennemis,
Et semble se jouer de sa crainte première.
  La meute cependant, dont l'ardeur est entière,
Au sommet des coteaux, dans le creux des vallons,
Monte, se précipite et suit en longs sillons
Les pas de l'animal dont l'empreinte encor fraîche
La soutient sur le droit, et jusque-là l'empêche
Ou de prendre le change ou d'en perdre le cours.
Lui qui s'en aperçoit à la ruse a recours :
Il sait que d'un chemin le fond sec et solide
Retient moins ces esprits dont la meute se guide :
Il le suit, et revient ; puis, au tiers du trajet,
Par un brusque détour rentre dans la forêt.
Arrivés sur les lieux, les chiens courent, s'emportent ;
Ils veulent la reprendre, et de la voie ils sortent,
Vont, reviennent cent fois, cent fois leur trop d'ardeur
A chaque hourvari les induit en erreur ;
Ou dérobe à leur nez l'odeur faible et légère
Que le cerf dans ses bonds a laissé sur la terre.

Le défaut se prolonge, et toujours s'éloignant
L'animal enhardi le complique en rusant.
Il cherche d'autres cerfs, à leur horde se mêle,
Avec elle circule, et s'arrête avec elle.
Mais las! il y paraît non plus comme autrefois,
Qu'abusant de sa force, il y dictait des lois;
Qu'amoureux et vainqueur, entouré de maîtresses,
Jaloux, il réservait pour lui seul leurs caresses;
Mais plus humble, plus souple, et tel, je m'en souviens,
Ces despotes sortis du rang des citoyens,
Que nous vîmes si fiers au sein de la fortune,
Se montraient replacés dans la sphère commune.
Malheur à ton école : on dit, non sans raisons,
Que l'on y prend toujours d'excellentes leçons.

Rassuré, loin du bruit, il se croit sauve enfin;
Mais tandis qu'il espère un moins fâcheux destin,
Au défaut accouru le prince en voit la cause,
Et mettant pied à terre, ordonne, agit, dispose,
Prend d'abord une enceinte, en arrière, en avant,
Sur les côtés, et voit qu'en allant et venant,
Chiens, valets et chevaux, ont refoulé la trace,
De qui le sentiment d'heure en heure s'efface.
Il fait coupler la meute, et ne garde avec lui
Que Mélampe au nez sûr; fier de s'en voir l'appui,

e chien qui reconnaît les accens de son maître,
 ces accens chéris sent son zèle renaître,
t dans tous les endroits où la meute a passé,
 porte, plus soigneux, son organe empressé.
 Dessous la feuille humide un peu d'odeur séjourne :
'intelligent limier sagement la retourne ;
 la flaire en deux fois, et de son animal
n obtient un premier quoique faible signal.
ependant il avance, et sentant au branchage,
econnaît que par là le cerf fit son passage ;
 s'enhardit, s'anime, et, dans le mouvement
e son corps agité, peint son contentement.
 crie enfin : sa voix se renforce et prolonge.
ors le maître attentif, et qui craint un mensonge,
es talens qu'il me dut faisant ici l'essai,
egarde, et voit au pied que le chien a dit vrai.
 ses cris de taiaux déjà le cerf écoute :
 craint que de ses pas on ait repris la route ;
u bruit qui recommence il s'inquiète, il sent,
ous le poids de son corps, son jarret chancelant,
t d'un trépas prochain la crainte le harcelle.
outefois il emploie une ruse nouvelle ;
'un cerf jeune et dispos, qu'il force à s'éloigner,
 se fait en fuyant long-temps accompagner :

Mais toujours les vieux chiens se défendent du change,
La meute créancée à leur appel se range.
Obligé de fuir seul, l'animal haletant,
Le corps noir de sueur, et de peur palpitant,
Revient à ces taillis où le matin encore
Tranquille il sommeillait au lever de l'aurore.
De son ancien asile il suit tous les détours;
Mais ces bois, autrefois témoins de ses amours,
Devenus maintenant les témoins de sa peine,
Ne peuvent l'arracher au sort qui l'y ramène.

Sans cesse renforcés par de nouveaux relais,
Les chiens à chaque instant le serrent de plus près,
Et pourtant chaque pas ajoute à sa faiblesse.
Pour gagner quelque temps en vain il se relaisse,
En vain se ranimant il se forlonge et fuit,
Partout et sans délais la meute le poursuit.
Enfin désespérant de trouver sur la terre
Un appui dans ses maux, un calme à sa misère,
N'y rencontrant partout que l'aspect de la mort,
Il demande à Neptune un remède à son sort [7].
De ce sol qui le trompe à l'onde il se confie.
Hélas! par l'onde encor son attente est trahie :
Le perfide élément touche à peine son corps,
Qu'une froideur mortelle en roidit les ressorts.

De l'empire mobile il s'arrache avec peine,
Entouré d'ennemis, sur son bord il se traîne ;
Il combat, il succombe, et des pleurs douloureux,
Touchant mais vain recours, échappent à ses yeux :
L'infortuné n'est plus. De sa chair palpitante
Se repaît à loisir la meute dévorante.
L'équipage s'assemble, et, par des sons pompeux,
Le cor fait des chasseurs retentir les adieux.

Quittons les grands ébats, les chasses magnifiques,
Tant d'éclat ne convient à des pipeaux rustiques :
Les grands airs ont toujours des inconvéniens.
J'aime mieux célébrer des plaisirs moins bruyans.
J'ai peint du loup cruel la vigueur indomptable,
Du brutal sanglier la fougue redoutable ;
J'ai réduit aux abois le cerf doux et craintif.
Quel sujet vais-je offrir à mon vers instructif ?
Voulez-vous qu'au renard je déclare la guerre,
Que battu dans son fort, chassé de sa tannière,
Par ses tours et sa peur sachant vous amuser,
Long-temps devant les chiens je le fasse ruser [8] ?
Peindrai-je le chevreuil à la taille légère,
Qui d'un pied élastique à peine touche à terre,
Et franchissant d'un saut les touffes de tilleul,
Au lieu qu'il a quitté se fait chercher à l'œil ?

Soit aux bois, soit aux champs, qui doit donc à ma Muse
Offrir quelque tableau dont votre esprit s'amuse ?
C'est toi, faible animal, toi, l'ami de la paix,
Toujours la réclamant sans l'obtenir jamais,
Qui, foulant le matin l'herbe qui vient d'éclore,
Saute, court et bondit, revient et saute encore,
Et pour ne pas d'autrui blesser les intérêts,
De rosée et de thym forme tous tes banquets.

    D'une juste pitié suivant ici la trace,
Je voulais dans mes vers pardonner à ta race ;
Mais, ô rigueur du sort dont tu subis la loi,
Je ne saurais fournir mes quatre chants sans toi.
Si le ciel, de chacun réglant la destinée,
Sur les divers penchans l'avait coordonnée,
On ne te verrait pas, en butte à des soucis
Justement réservés aux êtres endurcis,
Pour qui dans leur fureur la paix est un supplice.
Mais peux-tu réclamer un bien qu'en sa justice
A l'homme il n'a pas fait ? Contemple les humains,
Vois quel sang chaque jour ensanglante leurs mains,
Et ne te donne plus pour l'unique victime.
Je fais assez pour toi, quand d'un vers magnanime
Je m'écrie : O chasseur, vous digne de ce nom,
De vos tubes de fer, de vos globes de plomb,

N'allez pas contre un lièvre armer votre puissance,
Mesurez dans vos jeux l'attaque à la défense :
Pour dérober ses jours au tranchant infernal,
Fuir est l'unique voie ouverte à l'animal ;
Ne la lui fermez point : qu'une grêle assassine
Ne fasse de son sang rougir votre cuisine.
Pour un chasseur loyal il serait déplacé
De goûter de sa chair s'il ne fut pas forcé.

Je le dis ; mais, hélas ! à ma voix infidèle
Contre cette leçon tout chasseur se rébelle.
A peine de sa faux vois-je le moissonneur
Enlever aux sillons les fruits de son labeur,
Que, le fusil en main, une ardente jeunesse
Partout sur mon client exerce son adresse.
Rasé parmi les ceps, blotti sous le genêt,
Senti par l'épagneul qui, le corps en arrêt
Et la pate levée, à son maître l'indique ;
Il part ; et du cailloux l'étincelle électrique
Faisant prendre au salpêtre un foudroyant essort,
Sur lui verse d'un temps et la peur et la mort.

Mais quel bruit ! quel fracas ! la mitraille terrible [9],
Aux habitans de l'air également nuisible,
Abat et le perdreau qui fuit dans le vallon,
Et la caille partant à la fin d'un sillon :

Le râle au vol pesant, la bécassine agile,
Contre le plomb mortel ne trouvent point d'asile.
Que d'oiseaux démontés tombent sur les guérets ;
Combien d'autres encor sont pris dans les filets !
Là, sur le cailleteau que sa graisse embarrasse,
Des bras jeunes et prompts étendent la tirrasse ;
Plus loin, dans les halliers, la timide perdrix,
En voulant les sauver, engage ses petits ;
Là, dans quelques bas-fonds, à travers la clairière,
La bécasse en fuyant donne dans la pantière.
Plus loin, au fond d'un bois, sombre et silencieux,
Attirés par les cris de l'oiseau ténébreux,
Dont l'homme contrefait la voix triste et plaintive,
Le geai, fier champion, la mésange et la grive [10],
Le merle, le bouvreuil, la pie et l'étourneau,
Sont saisis empêtrés du perfide gluau.

Sur mes pas dans les champs accourez, ô jeunesse !
Vous y créer des jeux qu'approuve la sagesse ;
Mais tout en vous livrant à leur charmant plaisir,
Songez qu'il est aussi des devoirs à remplir ;
Et pour Diane enfin, quel que soit votre zèle,
Que le devoir en vous y partage avec elle.

NOTES

DU QUATRIÈME CHANT.

----

¹ La sympathie des idées religieuses, avec la solitude des forêts, ne pouvait échapper à l'esprit de l'auteur du Génie du Christianisme. « La religion, dit-il, est un peu étrangère sous les toits des hommes ; elle aime mieux les forêts qui sont le palais de son père et son ancienne patrie. C'est là qu'elle élève la voix vers le firmament, au milieu des concerts de la nature : la nature publie sans cesse les louanges du Créateur ; et il n'y a rien de plus religieux que les cantiques que chantent, avec les vents, les chênes et les roseaux du désert. »

² Il est inutile, sans doute, d'observer que, par le mot philosophie, nous entendons parler de cette application de l'esprit, qui tend à se faire une idée de Dieu d'après des faits perceptibles à nos organes, et sans le secours d'aucune croyance religieuse, et non de cette sagesse qui s'applique à l'étude du cœur et de l'esprit humain. La première conduit nécessairement au matérialisme. D'ailleurs, les vers qui suivent expriment notre pensée.

³ On raconte dans la vie de Saint-Hubert, (qui fut le premier évêque de Liége), que ce Prince se trouvant un jour à la chasse, vit un cerf portant un crucifix au sommet

de son front, qu'alors oubliant son rôle de chasseur, pour céder aux mouvemens d'un cœur chrétien, et maudissant les écarts de sa jeunesse, que dès-lors il promit de faire oublier; il se mit à genoux devant le cerf. Cette apparition miraculeuse, vraie ou fausse, prouve toujours que l'esprit du christianisme se nourrit de la solitude des forêts, comme on l'a déjà observé.

4 Le jeune Cyparisse avait élevé un cerf qu'il chérissait extrêmement; l'ayant tué par mégarde, il en eut tant de regrets, qu'il voulut se donner la mort. Apollon qui l'aimait le changea en cyprès.

5 Monseigneur le duc de Berry, père heureux, époux chéri, frappé d'un coup de poignard qui l'avait atteint au cœur, sentant très-bien qu'il n'avait plus que quelques instans à vivre; dans ces momens si précieux, demanda en deux fois la grâce de son assassin. Si mourir les armes à la main s'appelle mourir au champ d'honneur, ne peut-on pas dire ici que c'était perdre la vie au champ de la vertu chrétienne : et combien une telle fin ne laisse-t-elle pas à regretter, dans un Prince enlevé si jeune aux espérances que faisait concevoir la fermeté déjà connue de son caractère.

6 Nous avons suivi ici la leçon de tous les chasseurs qui ont écrit sur leur art, et qui veulent que le rapport des piqueurs soit fait en termes techniques. Un piqueur qui sait son métier, doit dire, et ne pas se tromper, quelle est la taille, l'âge et la force du cerf qu'il a détourné. Il doit connaître sa taille par la hauteur des endroits où le bois du cerf a touché en perçant les taillis; c'est ensuite à la forme du pied qu'il détermine son âge et sa force, son poids et au plus ou moins de profondeur de l'empreinte du pied sur la

terre. Mais, comme l'observe très-bien M. Delaconterie,
tout cela doit être dit d'un ton beaucoup moins assuré que
modeste et réservé, comme je pense, je présume. Un ton
différent ne manquerait pas d'être pris pour de la jactance,
et annoncerait dans le rapporteur peu d'usage et de talent.
Sans doute ce langage paraîtra bien extraordinaire, et fort
peu poétique à ceux de nos lecteurs qui n'ont aucune idée
de la chasse. Il serait aussi déplacé de leur part de blâmer
en moi cette manière de m'exprimer, que de la mienne il
serait injuste de me formaliser de leur étonnement. Je les
prierai seulement de se rappeler que j'écris pour des chas-
seurs.

[7] Presque toujours le cerf, au moment où il se voit prêt
d'être forcé, se jette à l'eau. Mais la fraîcheur qui l'a séduit,
loin de lui être utile, ne fait que hâter le moment fatal pour
lui ; ses membres se roidissent, et il est pris ordinairement
au moment où il en sort.

[8] La chasse du renard et celle du chevreuil offraient ma-
tière à des descriptions, qui sous une plume plus habile que
la mienne, auraient pu paraître amusantes. Mais ayant
expliqué presque toutes les règles dans les descriptions que
j'ai faites de la chasse du loup, du sanglier et du cerf, je
serais nécessairement tombé dans des redites, dont j'ai
voulu sauver l'ennui à mes lecteurs.

[9] La chasse au tir, non moins que celle aux filets pour
oiseaux, sans être aussi noble que la chasse à la grande
bête, n'en sont pas moins une des plus douces récréations
que l'homme riche puisse se procurer. Elles offrent même
cet avantage ; c'est que les apprêts en sont bien moins coû-
teux.

10 Il n'est pas un seul chasseur à la pipée, qui n'ait eu occasion de remarquer la hardiesse du geai; à l'entendre crier, à le voir voltiger de branche en branche, hérissant les plumes de sa tête, on croirait que lui seul s'est chargé de la défense de toute la gent volatile.

FIN.

De l'imprimerie d'A. EGRON, rue des Noyers, n° 37.

www.ingramcontent.com/pod-product-compliance
Lightning Source LLC
LaVergne TN
LVHW020210030726
842520LV00003B/993